SAUDÁVEIS

Lesley Waters

Fotografia: Gus Filgate

ALTA BOOKS
EDITORA

Cozinha Fácil todos os dias – Saudáveis Copyright © 2010 da Starlin Alta Con. Com. Ltda.
ISBN 978-85-7608-492-1

Produção Editorial:
Starlin Alta Con.
Com. Ltda.

Gerência de Produção:
Maristela Almeida

Coordenação Administrativa:
Anderson Câmara

Supervisão de Produção
Angel Cabeza

Tradução:
Flávio Sabino

Revisão Gramatical:
Maria Helena Rossi
Maryanne B. Linz

Revisão Técnica:
Maria Cristina Lontro
Pós-graduada em Nutrição do Trabalho pela UNISUAM/RJ e em Administração de Serviços de Nutrição pela UNIRIO

Diagramação:
Equipe Alta Books

Fechamento:
Luis Rodrigues

Impresso no Brasil.

ALTA BOOKS
E D I T O R A

Rua Viúva Cláudio, 291 – Bairro Industrial do Jacare
CEP: 20970-031 - Rio de Janeiro – Tel.: 21 3278-8069/8419 Fax: 21 3277-1253
www.altabooks.com.br – e-mail: altabooks@altabooks.com.br

Sumário

6 introdução

8 os blocos de construção

20 cafés da manhã, snacks e lanches **saudáveis**

40 sopas **saudáveis**

60 peixes **saudáveis**

82 frangos e perus **saudáveis**

106 carnes **saudáveis**

128 massas e arroz **saudáveis**

146 saladas e legumes **saudáveis**

170 sobremesas **saudáveis**

190 índice remissivo

Notas de culinária

Todas as medidas de colheres são precisas: 1 colher de chá = 5 ml; 1 colher de sopa = 15 ml. Use ervas frescas e pimenta-do-reino moída na hora, caso não esteja indicado de outro modo. O uso de ovos caipiras é recomendado, exceto quando especificado um outro tipo. Receitas com ovos crus ou levemente cozidos devem ser evitadas por grávidas ou pessoas com problemas de saúde.

Introdução

Frequentemente me perguntam, esteja eu trabalhando na televisão, escrevendo ou dando aulas, se é possível preparar todo dia refeições que sejam ao mesmo tempo simples, saborosas e saudáveis. Minha resposta é "sim". Porque, para mim, boa comida é isso. Alimentação saudável não é um modismo, não é dieta, nem algo que você faz durante aquelas duas semanas antes de suas férias de verão. É uma ótima forma de se viver e apreciar sua comida. E é basicamente disto que este livro trata.

A maioria de nós tem uma vida atribulada. Tempo é algo precioso. Arranjar tempo para as compras, cozinhar e fazer três refeições diárias sem ter que beliscar, às vezes, parece impossível, mas não é. Uma vez dedicado a uma dieta saudável, você não se arrependerá e colherá seus frutos. Eu acredito que são as mudanças simples que fazem a diferença. Isto não significa deixar de comer tudo o que é bom e gostoso, mas sim fazer pequenos ajustes.

A chave para uma alimentação saudável é fazer mudanças que facilmente se tornem parte de nosso dia a dia. Um ajuste que pode ser feito é investir em produtos frescos. Pergunte a qualquer grande chef e ele dirá que, para se criar pratos simples e saborosos, qualidade é tudo. Leve em consideração tudo o que for criado ou cultivado ao ar livre, ou o que for orgânico e, em se tratando das carnes de peixe e bovina, eu sempre procuro por aquelas de melhor qualidade, sempre tendo em mente que menos é mais e o que importa é a qualidade.

Apreciar sua refeição em companhia de outras pessoas é uma excelente forma de socializar com a família e amigos, além de ajudar crianças a desenvolverem bons hábitos alimentares. Por mais agitado que seja seu dia, tente sentar-se à mesa com sua família pelo menos durante uma refeição. Coma devagar e mastigue bem – isto facilita a digestão e a absorção dos nutrientes. Evite comer demais – saiba parar quando estiver satisfeito. Tente não pular refeições e, assim, você mal poderá esperar e apreciar sua próxima refeição.

Este livro começa com uma introdução aos princípios básicos ou os "blocos de construção" que são essenciais a uma boa dieta. Este capítulo trata de nutrição balanceada. Falaremos sobre critérios que devemos ter para as compras, equipamentos úteis, métodos saudáveis de preparo e de segurança alimentar. Os capítulos com receitas que se segue fornece grande riqueza de pratos deliciosos e inspiradores, baseados em ingredientes frescos e em técnicas de preparo descomplicadas, além de dicas para uma dieta saudável. Trataremos de todas as refeições, desde o café da manhã, passando por lanches, snacks saborosos, ceias e jantares. Também estão inclusas sobremesas deliciosas porque, afinal de contas, alimentação saudável consiste em alimentar-se de forma equilibrada e não em privar-se daquilo que você gosta de comer.

Com este livro de receitas inovador e de fácil acompanhamento, você logo descobrirá que alimentação saudável pode se tornar um prazer irrefutável.

Os blocos de construção

Consumir alimentos variados é a chave para uma dieta nutritiva e saudável. É também importante balancear a ingestão dos mesmos. A melhor dieta inclui vários ingredientes frescos, passando por toda uma gama de tipos de alimentos para se assegurar que seu organismo absorva a quantidade suficiente dos nutrientes essenciais: proteínas, vitaminas, carboidratos e gorduras. Alguns desses nutrientes são melhores para você do que outros.

Hidratação

Nossos corpos são constituídos de aproximadamente 80% de água. Logo, a água deve estar no topo de minha lista. Muito embora não seja um nutriente, a água é vital para muitas das funções de nosso organismo. Deve-se beber preferencialmente dois litros de água por dia. Isso é o equivalente a uma garrafa grande de água mineral desgaseificada ou oito copos grandes por dia. Para muitos de nós, este é um volume difícil de se alcançar. No entanto, há outras bebidas (excetuando-se as alcoólicas) que podem ajudar-nos a fazê-lo. Lembre-se também que muitas frutas e verduras são ricas em água. Portanto, tudo isso pode contribuir. Chá e café são diuréticos, ou seja, fazem com que o organismo elimine água. Sendo assim, deve-se consumi-los moderadamente. Tenha sempre água presente em suas refeições e tente lembrar-se de beber sempre um ou dois copos entre as mesmas.

Frutas e verduras: cinco por dia

Esta é a quantidade recomendada de porções que devemos consumir todo dia. Frutas e verduras são importantes, pois suprem nosso sistema de defesa com as vitaminas, os minerais e as fibras necessárias para se manter uma boa saúde. Cinco porções por dia pode parecer demais, mas as frutas desidratadas e os sucos também contam.

Muitas das frutas e verduras são virtualmente livres de gorduras, são ricas em fibras e possuem antioxidantes. Tudo isso serve para reforçar o sistema imunológico e auxiliar na prevenção de doenças, inclusive alguns tipos de câncer. O tomate, o pimentão vermelho, a manga e o abacate são especialmente ricos em antioxidantes. Frutas e verduras variam em relação à quantidade de nutrientes essenciais que possuem, então para que se obtenha o máximo de benefícios, é necessário que se consuma uma boa variedade dos mesmos. Verduras frescas podem ser preparadas de muitas formas interessantes, ou consumidas cruas em saladas ou como crudités (legumes crus em tiras) para mergulhar em molhos como tira-gostos. Vá além de sua cesta de frutas. Aprecie *smoothies* (bebida feita a partir de uma combinação de sucos de frutas, sorvetes ou iogurte light), saladas de frutas, pudins e frutas secas como petiscos. Compre sucos de boa qualidade ou, se tiver um processador, faça você mesmo seus próprios sucos.

Proteínas
A maioria de nós consome muito mais proteínas do que necessitamos. Em geral, apenas 75 gramas são o suficiente. Mais uma vez variedade é a palavra chave. A carne branca é uma boa fonte de proteínas e contém menos gordura saturada do que a carne vermelha, embora hoje em dia seja possível comprarmos cortes bem magros desta. O peixe é uma excelente fonte de proteínas, especialmente os mais oleosos como o salmão, a cavala (ou cavalinha) e as sardinhas. Não se esqueça também do feijão, da lentilha, das castanhas e das sementes em geral, das quais provêm valiosas vitaminas e minerais. Finalmente, há também o versátil ovo, uma concentrada fonte de proteína animal.

Sal
Na Inglaterra, consome-se em média 1,5 vez mais sal do que o recomendado. O consumo excessivo de sal pode contribuir para problemas de pressão arterial alta, além de estar ligado a doenças cardiovasculares. Então, faz sentido diminuir seu consumo de sal. Hoje em dia, não uso mais sal em minhas receitas. Se você ainda assim quiser usar nas suas, vá em frente, mas tente diminuir aos poucos. Talvez o primeiro passo seja não usar mais durante o cozimento. Quando estiver acostumado ao novo sabor, tire também o sal da mesa. É incrível como suas papilas gustativas se acostumam rápido e você irá preferir menos sal.

Açúcar
Açúcares refinados fornecem "calorias vazias" e, se ingeridos com frequência, aumentam o risco de cáries. Portanto, devemos ter como objetivo a diminuição do consumo dos mesmos. Além das fontes óbvias, tais como: doces, biscoitos e bolos, atenção aos alimentos processados que contêm açúcares escondidos, como os cereais matinais adocicados. Tente comprar aqueles sem adição de açúcar ou aqueles adocicados por frutas frescas ou secas – como, por exemplo, passas e rodelas de banana frescas com muesli (tipo de granola que mistura aveia em flocos e/ou cereais e frutos frescos.

Especialmente os refrigerantes podem conter grandes quantidades de açúcares. Dê preferência a sucos de frutas naturais sem adição de açúcar e procure por opções com menor teor de açúcar ao comprar polpas.

Gorduras
Em geral, consumimos gordura demais. Uma pequena quantidade de gordura tem um importante papel no equilíbrio global de uma dieta saudável. Por outro lado, o consumo excessivo é prejudicial. Gorduras são compostas por ácidos graxos, dentre os quais os saturados, que encontramos na carne, nos laticínios e nas banhas, são especialmente prejudiciais.

A alta ingestão de ácidos graxos saturados está relacionada ao aumento do risco de doenças cardíacas, obesidade e alguns tipos de câncer. Para reduzir essa ingestão, deve-se evitar gorduras de assados e banha de porco. Tenha também cuidado com as gorduras escondidas em biscoitos, bolos, massas e outros tipos de alimentos prontos. Prefira cortes magros de carne e porções menores, completando sempre seus pratos com muitas verduras. Escolha queijos fortes, como o parmesão, para usar em suas receitas, pois assim você precisará de apenas uma pequena porção para dar sabor. E a manteiga? Bem, faz sentido tentar reduzir seu consumo, mas eu ainda prefiro passar uma fina camada de manteiga a dar uma lambuzada de qualquer outro produto com baixo teor de gordura. É tudo uma questão de conscientização e abordagem balanceada.

Ácidos graxos monoinsaturados são encontrados em alimentos como o azeite de oliva, o gergelim, o óleo de canola, o abacate, as sementes e a maioria das castanhas. Se consumidos de forma moderada (para evitar ganho de peso), eles não causam danos à saúde e podem até mesmo ajudar na redução do tipo de colesterol potencialmente prejudicial no sangue.

Ácidos graxos poli-insaturados incluem os importantes Ômega-3 e Ômega-6, os quais são essenciais ao crescimento, à pele saudável e a um sistema imunológico forte. Peixes oleosos, grãos de soja e o óleo de canola são grandes fontes de Ômega-3. Óleos vegetais como o de girassol e o azeite de oliva contêm Ômega-6. Estes são fontes benéficas de gordura.

Gorduras hidrogenadas são encontradas nos óleos de cozinha, nas margarinas, massas e refeições prontas processadas. Estas contêm gorduras trans que funcionam como gorduras saturadas. Portanto, é recomendável que se reduza o seu consumo, tal como deve ser feito com as gorduras saturadas.

Fibras

As fibras não são necessariamente um nutriente, mas são importantes constituintes dos alimentos que ajudam a manter o sistema digestivo saudável. Pão integral, cereais integrais, frutas, verduras, leguminosas e castanhas são ótimas fontes de fibras.

Meus dez "superalimentos" favoritos

Alguns alimentos são tão nutritivos que poderíamos chamá-los de "supera-limentos". Estes alimentos contêm gorduras benéficas e/ou altos níveis de antioxidantes em forma de betacaroteno e vitaminas C e E, as quais contribuem na redução do risco de doenças graves como as cardíacas e algumas formas de câncer. Consumi-los ajuda a maximizar os benefícios de sua dieta. Muitos alimentos podem ser chamados de "superalimentos", mas estes são os meus favoritos.

Abacate Esta fruta é rica em ácidos graxos monoinsaturados, contém mais proteína do que qualquer outra fruta e é uma excelente fonte de vitamina E.

Aveias As aveias integrais são excelentes fontes de fibras solúveis e uma forma de liberação lenta de carboidrato. Elas também ajudam a manter o coração saudável.

Banana Excelente alimento energético e de fácil digestão, a banana também é rica em potássio, magnésio e vitaminas do complexo B.

Frutas Silvestres Groselha, mirtilos (ou uvas-do-monte) e uvas pretas são ricas em antioxidantes.

Peixes Oleosos Todos estes tipos de peixe, além de serem boas fontes de proteínas, são também ricos em Ômega-3, minerais e algumas vitaminas.

Pimentões Amarelos e Vermelhos Ricos em betacaroteno e vitamina C.

Sementes As sementes de gergelim, de abóbora e de girassol são cheias de proteínas, ricas em óleos essenciais e são uma valiosa fonte de vitamina E e vitaminas do complexo B.

Soja Um importante alimento com alta qualidade de proteína vegetal, especialmente para os vegetarianos. Ótima fonte de minerais, vitaminas do complexo B e antioxidantes, a soja pode ser encontrada em forma de massa de feijão (tofu), leite, queijo e iogurtes.

Tomates Outro alimento colorido que é rico em betacaroteno e possui boas fontes de vitaminas C e E.

Verduras Da família das brassicas, o brócolis, a couve-de-bruxelas, o repolho e outras verduras contêm elementos fitoquímicos benéficos chamados de índoles que, se consumidos regularmente, ajudam na desintoxicação do organismo. Também são fontes úteis de minerais.

Os ingredientes essenciais da cozinha

Alguns ingredientes tornaram-se joias no meu armário de cozinha, na minha geladeira e no meu freezer. Esses itens me asseguram de que todo dia conseguirei preparar alimentos saudáveis e saborosos. Ficaria perdida sem eles. Além do mais, eu tenho sempre uma enorme fruteira cheia de maçãs, peras, laranjas, limões e limas em cima da mesa e um cacho de bananas em outra.

No armário mantenho uma seleção de grãos básicos como massas, couscous (grão de trigo duro), trigo rachado, polenta, e diferentes tipos de arroz, além de lentilhas de cores variadas, feijão enlatado, tomates e pacotes de castanhas e sementes. Para dar sabor aos pratos, as joias de meu armário de cozinha são: pastas de curry tailandês, leite de coco meio gordo, vinagre e vinagre balsâmico, soja, *teryiaki*, molhos de pimenta e inglês, mostardas dijon e integral, flocos de chili e uma seleção de condimentos como coentro, páprica doce e garam massala (uma mistura de especiarias moídas, provenientes da Índia). Se você está tentando reduzir seu consumo de sal, esses temperos – juntamente com outras ervas frescas, gengibre e alho – irão lhe proporcionar todo o sabor que precisa. Você também vai precisar de azeite de oliva de boa qualidade para usar com moderação, seja no preparo de pratos ou como molho para saladas. Finalmente para dar sabor a pratos doces, você terá como inestimáveis o mel, o xarope de bordo (Maple Syrup) e a baunilha.

Geladeira Na minha tem sempre sucos de frutas, leite, iogurte, ovos, um pedaço de cheddar forte e um pedaço de parmesão. Bacon magro, tapenade de azeitonas, tomates semissecos (o tomate semisseco é muito parecido com o tomate seco, porém mais macio), tahini e pesto fresco também estão lá para dar sabor a ingredientes básicos. Na gaveta de verduras, você vai encontrar os nutritivos brócolis, cenouras, pimentões e folhas novas de espinafre. A gaveta de salada tem sempre um plástico com tomates vermelhos maduros, pepinos e uma seleção de pimentas para raitas (molho indiano à base de iogurte) simples e salsas picantes.

Freezer Nunca fui de fazer comidas para congelar. Congeladas, elas perdem algumas qualidades e eu prefiro consumir o melhor que elas possam oferecer; porém, eu não abriria mão de meus suprimentos de reserva no freezer: milho doce, frutas vermelhas e iogurtes congelados. Um pouco de pão árabe, e outros pães de boa qualidade também são sempre muito úteis quando tiver poucos ingredientes.

Principais métodos de preparo

Os equipamentos de cozinhas modernas aumentam muito as opções de técnicas de cozimento saudáveis. Panelas antiaderentes de boa qualidade lhe permitem preparar pratos saborosos com o mínimo de óleo ou gordura. Elas são importantes em muitas das receitas neste livro e essenciais para métodos de preparo como fritura no vapor. Se você ainda não as possui, invista em uma frigideira do tipo *wok* (oriental) com tampa, uma frigideira convencional, uma ou duas caçarolas e formas antiaderentes de diferentes tamanhos. Para assar, formas para muffins, assadeiras e tabuleiros de boa qualidade são muito úteis.

Cozimento a vapor Este é o método clássico de cozimento para se obter alimentos saudáveis. Recipientes chineses de bambu para cozinhar a vapor são atraentes opções tanto para servir, quanto para preparar refeições. Como alternativa, experimente aqueles cestos para cozimento a vapor que se abrem para encaixar em panelas ou panelas especiais para este tipo de cozimento, que já vem com o cesto perfurado que se acopla a elas. Uma tampa com fechamento bem justo é essencial. Ferva a água, coloque o alimento no cesto e cubra com a tampa. O alimento cozinha no cesto, assim as vitaminas solúveis em água e os minerais são mantidos. Cheque sempre o nível de água para que não queime o fundo da panela.

Escaldados Escaldar é uma excelente maneira de se cozinhar alimentos que tendem a se quebrar com facilidade como ovos e peixe. Coloque água para ferver na panela em fogo baixo até notar que a superfície começa a tremer, só depois coloque o alimento. Esse método também é uma boa opção para alimentos passíveis de se ressecarem. Os peitos de frango ficam sempre suculentos se escaldados em vinho aromatizado com ervas. Além disso, nesse caso, você pode até reduzir a bebida que estiver usando e fazer um saboroso molho.

Grelhados na chapa As tradicionais chapas de ferro fundido são boas para bifes e pedaços de carne. No entanto, seu uso é limitado e, ademais, são pesadas para o manuseio. As chapas modernas são mais leves, antiaderentes e perfeitas para carnes, peixes, verduras, frutas e até mesmo para torradas. Grelhar na chapa é como grelhar ao contrário. A quentura da chapa tosta o lado de fora do alimento, dando-lhe uma aparência, sabor e textura apetitosos. Ainda têm a vantagem de exigirem pouquíssima gordura. Certifique-se que a chapa esteja bem quente antes de começar a cozinhar. Se precisar de um pouco de óleo, passe-o no alimento a ser preparado. Pressione com uma espátula para dar aparência de grelhado em carvão, mas não esfregue muito.

Salteados A arte oriental de saltear é um modo rápido e saudável de se cozinhar, mantendo os alimentos com todos os seus nutrientes. Mais uma vez, você deve começar com uma panela bem quente, mas você deve permanecer mexendo para assegurar um cozimento uniforme. Tenha todos os seus ingredientes previamente picados ou fatiados em tamanhos iguais, pois, se você começar, não vai poder parar. Certifique-se que sua wok esteja bem quente e evite colocar muitos ingredientes ao mesmo tempo senão a temperatura da panela cai. Use uma colher grande ou uma espátula de ferro ou de madeira para mexer e saltear.

Fritura no vapor Aprendi com um amigo este brilhante método de cozimento. É uma técnica simples que usa o mínimo de óleo e ao mesmo tempo maximiza os sabores dos alimentos. Em uma panela antiaderente, frite os ingredientes em fogo médio com um pouco de óleo até dar uma leve dourada. Adicione aproximadamente uma colher de sopa de água e cubra com uma tampa bem justa para criar vapor. Mantenha em fogo baixo. Se a tampa não for bem justa, cubra o alimento com papel-manteiga ou papel vegetal e depois com a tampa. Não retire a tampa, pois o vapor sairá e a panela secará. Se isso acontecer, adicione um pouco mais de água.

Grelhados Carne, peixe e verduras podem ficar ainda mais saborosos se grelhados, já que tosta por fora e deixa o alimento suculento por dentro. Preaqueça a grelha até a temperatura correta e fique de olho enquanto o alimento for grelhando, virando frequentemente para cozinhar uniformemente. Se achar que está dourando muito rápido, levante a grelha ou abaixe o fogo.

Assados em forno Essa técnica bem familiar requer o mínimo esforço do cozinheiro. Simplesmente preaqueça o forno até a temperatura ideal, coloque os alimentos numa assadeira com um pouco de óleo ou marinado e leve ao forno. O calor seco faz com que os sumos dos alimentos saiam, concentrando o sabor e caramelizando-os por fora, proporcionando um efeito delicioso. Você vai precisar virar ou regar uma vez ou outra enquanto assa o alimento, lembrando-se sempre de fechar o forno assim que o fizer para manter a temperatura bem alta dentro dele. Até mesmo os legumes precisam ser virados enquanto assam.

cafés da manhã, *snacks* e lanches **saudáveis**

Ovos fritos no vapor

Rendimento: 4 porções
Um fio de azeite de oliva
4 ovos
um punhado de folhas pequenas de manjericão
Pimenta-do-reino, moída na hora
4 fatias de torradas de pão integral

1 Aqueça uma frigideira antiaderente grande e cuidadosamente unte-a com papel-toalha molhado no azeite.
2 Quebre os ovos, separando-os uns dos outros e abaixe o fogo. Cubra com uma tampa até que o vapor comece a sair, deixando cozinhar por 4 minutos se quiser gemas moles. Se preferir gemas mais consistentes, vire os ovos, deixando-os por um minuto nesta posição.
3 Tempere com a pimenta-do-reino e espalhe as folhas de manjericão por cima.

Um ovo frito, preparado com um mínimo de gordura, proporciona um café da manhã saudável e saboroso que lhe manterá satisfeito até a hora do almoço.

Wraps matinais tostados

Rendimento: 4 porções

2 bananas grandes
2 nectarinas cortados ao meio, sem caroço
2 colheres de chá de mel fino
4 tortilhas

1 Pique as bananas e as nectarinas e misture-as ao mel. Com uma colher, coloque as frutas com o mel no centro de cada uma das tortilhas e enrole-as, dobrando-as nas pontas para formar os *wraps*.
2 Aqueça uma chapa antiaderente em fogo baixo. Coloque as tortilhas com as pontas juntas viradas para baixo e deixe por dois minutos. Vire e repita o procedimento. Sirva ainda mornas.

Para variar, recheie as tortilhas com ovos mexidos, aromatizados com tomates-cereja e fatias de pernil assado ao mel.

Compota de frutas quentes aromatizada com chá

Rendimento: 4 porções
150 g de figos secos
150 g de ameixas secas
150 g de peras secas
2 saquinhos de chá-verde com limão
1 colher de sopa de mel fino

1 Junte as frutas em uma tigela. Acrescente os saquinhos de chá, 600 ml de água e o mel. Deixe ferver em fogo baixo por 10 minutos.
2 Retire os saquinhos de chá e coloque as frutas e o xarope formado em um recipiente não metálico. Sirva morno ou deixe esfriar. Cubra e leve à geladeira para servir posteriormente.

Esta compota de frutas é ótima se servida com mingau quente, flocos de trigo matinais, ou mesmo sem nenhum acompanhamento. Além de ricas em fibras, as frutas secas são grandes fontes de ferro. Podem ser usadas, como variação, outras frutas secas, como os damascos.

Muffins de damasco com xarope de bordo (*Maple Syrup*)

Ilustração nas páginas anteriores

Rendimento: 8 a 10 porções

2 ovos
250 ml de leite semidesnatado
2 colheres de sopa de azeite de oliva
3 colheres de sopa de iogurte natural
50 g de All-bran (ou farelo de cereais)
225 g de farinha branca
1 colher de sopa de fermento
25 g de açúcar mascavo
120 g de damascos secos picados prontos para comer
50 g de passas brancas
2 colheres de sopa de xarope de bordo (*Maple Syrup*)

1 Aqueça o forno a 190ºC (170ºC para fornos de convecção). Coloque forminhas de papel-manteiga encaixadas numa forma para 8 a 10 muffins. Em uma jarra de medida, misture os ovos, o leite, o azeite, o iogurte e o farelo de cereais. Reserve.

2 Peneire a farinha e o fermento em uma bacia. Adicione o açúcar, os damascos secos e as passas, mexendo sempre. Junte a mistura reservada e bata bem até ficar homogêneo. Com uma colher, coloque a mistura nas formas uma a uma.

3 Deixe assar por 15 a 20 minutos até dourar por fora e cozinhar por dentro. Com um palito, espete um dos muffins. Se o palito sair limpo, está pronto. Retire do forno.

4 Deixe esfriar na forma por alguns minutos. Transfira para uma grade aramada e pincele com o xarope de bordo. Sirva morno ou deixe esfriar.

Mesmo com o farelo de cereais (rico em fibras), estes mufins de frutas ficam bem umidecidos. Com o sabor dos damascos secos e adoçados com o xarope de bordo, são uma grande pedida para um café da manhã ou lanches rápidos.

Pão matinal de banana

Rendimento: 9 pães

Um pacote de 290 g de mistura de massa para pizza
3 bananas médias descascadas
Raspas de uma laranja
1 colher de sopa de sementes de papoula
½ colher de chá de canela em pó
1 ½ colher de sopa de mel fino

1 Preaqueça o forno a 200ºC (180ºC para fornos de convecção). Unte levemente uma assadeira retangular antiaderente (aprox. 30x20 cm). Prepare a massa, seguindo as instruções do pacote. Estique a massa a mais ou menos 30x25 cm.
2 Fatie as bananas e coloque-as num recipiente, junto com as raspas de laranja, as sementes de papoula, a canela e metade do mel. Misture bem e espalhe sobre a massa, deixando uma borda de aproximadamente 1 cm.
3 Enrole a massa ao longo e pressione as pontas para fechar. Corte a massa em nove tamanhos iguais, sem separá-los, e coloque-a na assadeira com os cortes voltados para cima.
4 Asse por 15 a 20 minutos. Aqueça o restante do mel no micro-ondas (por 5 segundos) ou numa panela pequena e pincele o pão. Deixe esfriar e tire da assadeira. Separe os pães para servir. O ideal é que se consuma mornos.

Um pão simples e rápido, vertendo bananas quentes ao mel. Bananas são ótimas fontes de energia, vitamina B6, vitamina C, magnésio e ainda combatem viroses.

Blinis[1] matinais

Rendimento: 4 porções
125 g de farinha especial
(que contenha fermento)
½ colher de chá de canela em pó
15 g de açúcar de confeiteiro
Raspas de uma laranja
50 g de passas brancas
1 ovo
200 ml de leite
50 g de flocos de trigo moídos
Um fio de azeite de oliva

1 Peneire a farinha e a canela juntas em uma tigela. Adicione, sem parar de mexer, o açúcar, as raspas de laranja e as passas e faça um buraco no centro da mistura.
2 Bata o ovo com o leite e despeje no buraco. Mexa para misturar até obter uma mistura uniforme. Adicione os flocos de trigo.
3 Aqueça uma frigideira antiaderente grande e unte-a com um pedaço de papel-toalha umedecido no azeite. Despeje colheradas da massa na frigideira, deixando espaço para que se espalhem. Cozinhe por dois minutos até tornarem-se firmes e douradas por baixo. Com uma espátula, vire e repita a operação.
4 Sirva ainda morno, com iogurte ou frutas, se preferir.

Não deixe de tomar seu café da manhã nos finais de semana. Esses blinis são deliciosos e fáceis de fazer. Perfeito para o desjejum de quem acorda tarde.

[1] Minipanquecas originárias da Rússia. (N.R.)

Smoothie de banana e manga

Rendimento: 2 a 4 copos
1 banana grande descascada e picada
1 manga madura, descascada, fatiada e sem o caroço
Raspas e suco de 1 limão
200 ml (ou mais, a gosto) de suco de laranja

1 Junte os ingredientes no liquidificador. Bata até ficar homogêneo, adicionando o suco de laranja conforme quiser a consistência. Despeje em dois copos pequenos ou outros menores e sirva de imediato.

Uma bebida saudável é uma ótima forma de aumentar sua ingestão de frutas e fibras num piscar de olhos! As frutas devem estar bem maduras para assegurar a consistência correta e o doce natural.

Biscoitos de baunilha com pedaços de pera

Rendimento: 10 biscoitos

7 colheres de sopa de mel fino
3 colheres de chá de essência de baunilha
150 g de mingau de aveia
75 g de mirtilos (uvas-do-monte) secos
2 peras médias descascadas, sem caroço e picadas

1 Preaqueça o forno a 180ºC (160ºC para fornos de convecção). Aqueça o mel em uma panela, adicione a baunilha e misture, sem parar de mexer, a aveia, os mirtilos e as peras.
2 Forre uma assadeira antiaderente (18 cm aprox.) com a massa e asse por 20 minutos. Deixe esfriar por 10 minutos e corte em dez pedaços. Espere até que esfrie por completo antes de retirar.

Estes biscoitos quebradiços e com sabor de frutas são ricos em fibras e contêm pouca gordura. Com os mirtilos e as peras, dão um grande reforço no lanche ou servem simplesmente como um snack a qualquer hora do dia.

Biscoitinhos crocantes de mirtilos e passas brancas

Rendimento: 8 biscoitos
25 g de manteiga sem sal
125 g de farinha especial (que contenha fermento)
40 g de açúcar mascavo
25 g de passas brancas
25 g mirtilos (uvas-do-monte) secos
1 ovo batido
1 colher de sopa de leite

1 Preaqueça o forno a 180ºC (160ºC para fornos de convecção). Unte levemente um tabuleiro antiaderente. Em uma bacia, amasse a manteiga e a farinha com as mãos até que a mistura fique com textura de migalhas de pão bem finas. Adicione, sem parar de mexer, as passas e os mirtilos. Coloque o ovo e o leite para obter uma massa macia.
2 Com uma colher, despeje oito porções da massa pelo tabuleiro, deixando espaço entre elas. Asse por 12 a 15 minutos ou até dourarem. Transfira os biscoitos para uma grade aramada para esfriarem.

Estas guloseimas, rápidas, nutritivas e fáceis de fazer, ficam ainda mais gostosas se consumidas no dia em que são feitas. Os mirtilos secos dão um sabor ao mesmo tempo ácido e adocicado.

Húmus de feijão-manteiga

Rendimento: 4 porções

400 gramas de feijão-manteiga enxaguado e escorrido
400 gramas de grão-de-bico enxaguado e escorrido
2 dentes de alho amassados
2 colheres de sopa de tahini
3 colheres de sopa de azeite extravirgem
3 colheres de sopa de iogurte natural
Suco de meio limão
Sal e pimenta a gosto

1 Cozinhe o feijão e o grão-de-bico em água e sal.
2 Coloque os ingredientes (exceto o sal e a pimenta) num processador e adicione, aproximadamente, cinco colheres de sopa de água fria. Bata até atingir uma textura homogênea.
3 Tempere o húmus com sal e pimenta a gosto. Transfira para uma tigela e sirva com legumes cortados em palitos e fatias de pão árabe.

Este húmus cremoso e rico em proteínas é fácil de fazer. Use uma seleção de legumes em cores variadas para mergulhar na pasta como cenouras, aipo em palitos, tomates-cereja, rabanetes e corações de alface.

Sanduíche de atum

Rendimento: 4 sanduíches

4 pães ciabatta
6 colheres de sopa de iogurte natural
1 dente de alho amassado
1 colher de chá de suco de limão
100 gramas de tomates semissecos
50 g de folhas para saladas
2 latas (de 160 g cada) de atum em água, drenadas
1 cestinha de mostarda e agrião com pontas aparadas
Pimenta-do-reino, moída na hora

1 Corte as ciabattas no meio. Tire o miolo (reserve-o para usar em outro prato).
2 Para o molho, misture o iogurte, o alho e o suco de limão e tempere com pimenta a gosto.
3 Com uma colher, espalhe os tomates na ciabatta e cubra com uma camada das folhas. Coloque um pouco do iogurte e adicione o atum, mais iogurte e uma camada final de mostarda e agrião, sempre apertando de leve os ingredientes.
4 Feche com a outra metade das ciabattas e pressione gentilmente. Enrole os sanduíches em papel-manteiga e leve à geladeira para resfriar ou deixe num recipiente térmico por algumas horas antes de consumir (mas não por muito tempo, caso contrário os sanduíches podem ficar meio ensopados).

Este é um sanduíche crocante, super-recheado com suculentos tomates semissecos, folhas, atum e um molho cremoso. Atum enlatado é uma fonte rica de proteínas e vitaminas. Infelizmente, no entanto, muito do Omega-3 perde-se no processo de embalagem.

Salada de macarrão ao pesto

Rendimento: 4 a 6 porções

200 g de massa (penne, conchinhas etc.)
3 colheres de sopa de molho pesto
2 colheres de sopa de azeite extravirgem
150 g de peito de frango cozido e desfiado
250 gramas de tomates-cereja amadurecidos no próprio tomateiro cortados ao meio
1 pepino sem pele, sem caroço e picado
Pimenta-do-reino, moída na hora

1 Cozinhe a massa em água fervente até ficar *al dente* (macia, mas firme ao morder). Escorra e lave em água fria. Retorne à panela e reserve até esfriar por completo.
2 Enquanto isso, para o molho, misture bem o pesto e o azeite em uma vasilha grande. Tempere com pimenta a gosto.
3 Coloque a massa no molho junto com o frango, os tomates e o pepino e misture bem. Transfira a salada para um recipiente com tampa e refrigere ou mantenha em pote térmico até a hora de consumir.

Esta nutritiva salada é ideal para lanches. A massa realça o sabor do pesto de manjericão e combina bem com o frango macio, com os tomates e com o pepino.

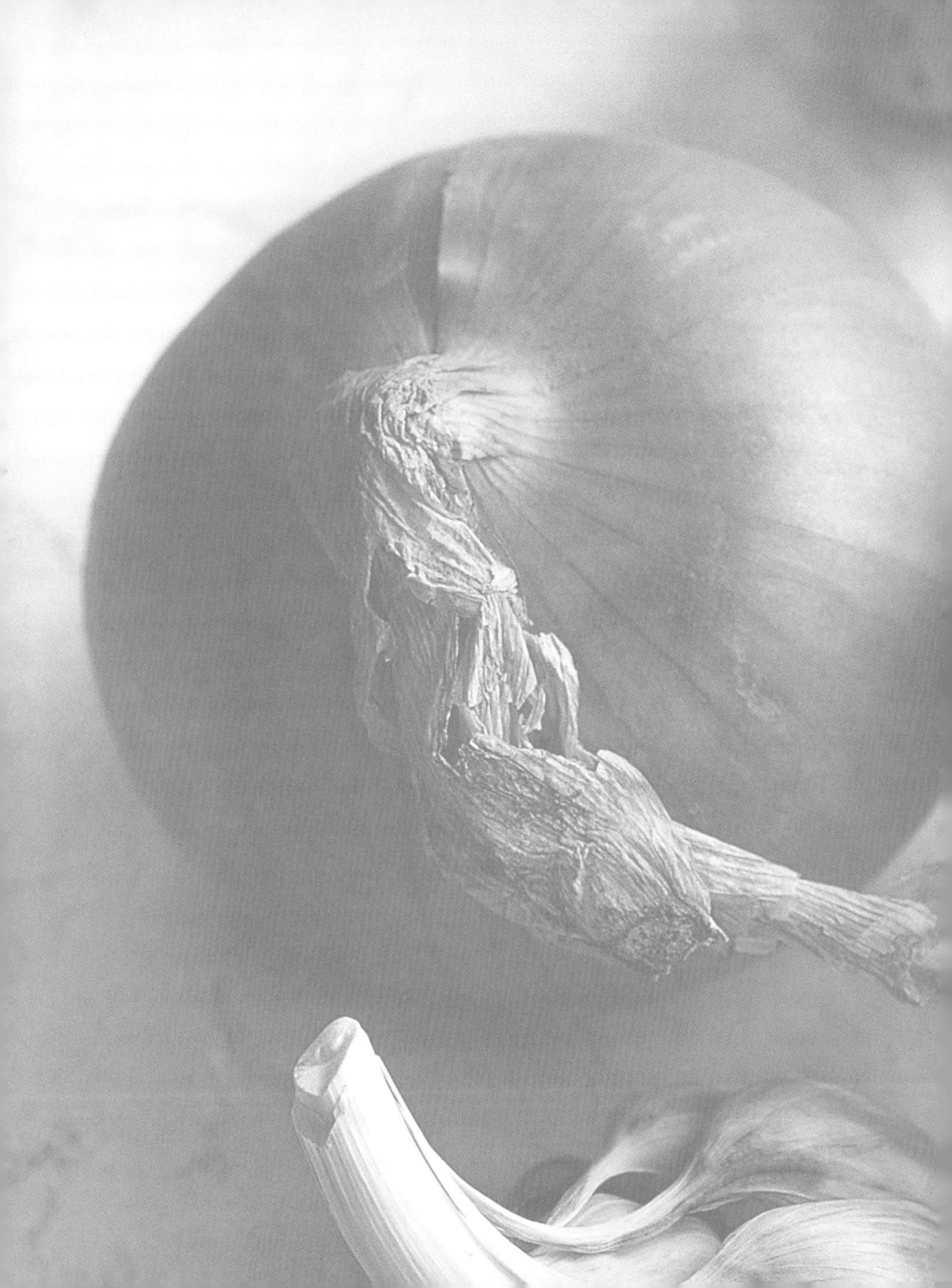

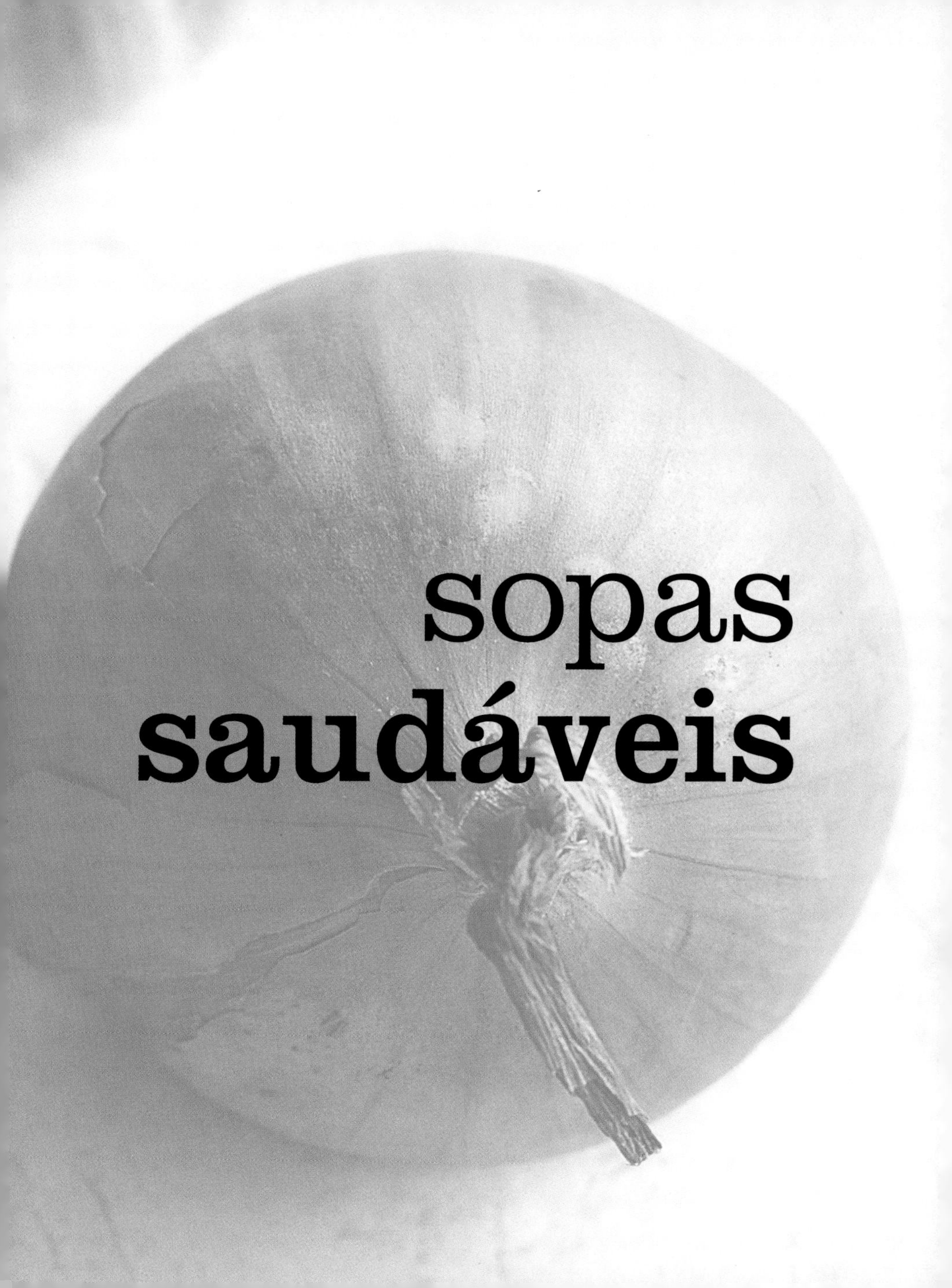

sopas **saudáveis**

Minestrone de macarrão verde

Rendimento: 4 porções

150 ml de vinho branco
1 cebola sem casca e picada bem fina
1 dente de alho amassado
1,5 litro de caldo de legumes
100 g de macarrão
125 g de vagens com as pontas aparadas e cortadas com no máximo, 2,5 cm
400 g de feijão-branco
75 g de ervilhas congeladas
2 tomates maduros picados
3 colheres de sopa de manjericão picado
Pimenta-do-reino fresca, moída na hora
4 colheres de sopa de azeite extravirgem para servir

1 Coloque o vinho em uma panela com a cebola e o alho. Cubra e deixe fritar no vapor por 6 minutos ou até amaciar, mexendo de vez em quando.
2 Adicione o caldo de legumes e deixe ferver. Coloque o macarrão e deixe cozinhar por 6 minutos. Adicione a vagem e cozinhe por mais 3 minutos. Despeje o feijão branco (previamente cozido) e a ervilha. Deixe ferver por mais dois minutos.
3 Finalmente coloque os tomates e o manjericão e cozinhe por 1 minuto. Tempere com a pimenta. Com uma concha, coloque o minestrone em quatro tigelas grandes e coloque, em cada uma delas, uma colher de sopa do azeite extravirgem.

Uma variação do minestrone clássico, esta sopa com sabor fresco é recheada de legumes, rica em fibras e satisfaz muito bem. Uma verdadeira refeição. Sirva com pão.

Sopa picante de batata doce e lentilha vermelha

Rendimento: 4 porções

350 g de batata inglesa
1 batata doce grande
2 colheres de sopa de pasta de curry
1 cebola sem casca, cortada bem fininha
125 g de lentilhas vermelhas
900 ml de caldo de legumes
200 ml de leite de coco com teor reduzido de gordura
1 a 2 colheres de sopa de folhas de coentro picadas e em ramos (um pouco de cada) para a guarnição
Pimenta-do-reino, moída na hora

1 Descasque as batatas inglesas e a batata doce e corte-as em cubos de, no máximo, 1 cm. Aqueça o curry e adicione, sem parar de mexer, as cebolas. Cubra e deixe fritar no vapor por 5 minutos, mexendo de vez em quando.
2 Adicione as batatas, a lentilha, e o caldo. Deixe ferver. Abaixe o fogo e deixe cozinhar por 20 minutos.
3 Adicione o leite de coco, mexendo sempre e deixe aquecer levemente. Tempere com pimenta a gosto e adicione o coentro. Sirva com uma concha em tigelas aquecidas com os ramos de coentro. Utilize pão chapatti para acompanhar.

As lentilhas são ricas em fibras, o que ajuda na digestão, além de serem grandes fontes de proteína vegetal. Sirva esta sopa com os pães chapatti mornos como almoço ou ceia leve.

Sopa de manjericão e ervilhas com *bruschetta* de tomate

Rendimento: 4 porções
1 cebola sem casca, picada
1 colher de chá de azeite
1 litro de caldo de legumes
500 g de ervilhas
3 colheres de sopa de pesto fresco
Pimenta-do-reino em sementes

Para a bruschetta
4 fatias grossas de pão ciabatta
1 dente de alho sem casca, cortado ao meio
4 tomates maduros picados
Azeite extravirgem para servir

1 Em uma panela com tampa, cozinhe a cebola no azeite por 8 minutos até amolecer, mexendo de vez em quando. Adicione o caldo de legumes e a ervilha e deixe ferver. Abaixe o fogo e cozinhe por 3 minutos.
2 Passe a sopa para um liquidificador e bata até ficar homogêneo. Leve de volta à panela, reaqueça levemente, adicionando o pesto sem parar de mexer.
3 Para fazer a *bruschetta*, toste as fatias de ciabatta dos dois lados e esfregue o alho. Coloque por cima os tomates e um fio de azeite extravirgem.
4 Coloque a sopa em tigelas aquecidas e tempere com as sementes de pimenta. Sirva com a bruschetta.

Esta é uma excelente sopa para se fazer durante a curta época das ervilhas. Em outras épocas do ano, pode-se, é claro, usar ervilhas congeladas.

Sopa de alho e abobrinha assada

Rendimento: 4 porções
500 g de abobrinha sem pontas
1 cebola sem casca e cortada em 8 fatias
3 dentes de alho com casca
1 colher de sopa de azeite
1,2 litro de caldo de legumes
125 g de ervilhas congeladas
1 ciabatta com azeitona preta
3 colheres de sopa de *crème fraîche* (creme de leite fresco com sabor ligeiramente ácido)
Pimenta-do-reino moída na hora

1 Preaqueça o forno a 200ºC (180ºC para fornos de convecção). Corte as abobrinhas em fatias grossas de aproximadamente 2,5 cm.
2 Coloque-as juntamente com a cebola e o alho numa assadeira e misture, regando com azeite. Tempere com a pimenta e asse por 30 a 35 minutos ou até dourar e amaciar.
3 Ferva o caldo de legumes em uma panela. Adicione as ervilhas e volte a ferver. Abaixe o fogo e deixe cozinhar em fogo brando por 2 minutos até amolecer.
4 Retire a assadeira do forno e descasque o alho. Transfira tudo para um liquidificador ou processador, adicione o caldo e a ervilha e bata até ficar homogêneo. (Talvez seja preciso fazê-lo em partes.) Tempere com pimenta-do-reino a gosto.
5 Corte a ciabatta em cubos de aproximadamente 2,5 cm e coloque numa forma. Deixe tostar no forno por 5 minutos ou até ficarem crocantes. Enquanto isso, coloque a sopa em uma panela, adicione o *crème fraîche* sem parar de mexer e aqueça levemente. Ponha a sopa em tigelas aquecidas e sirva com os croûtons.

Assar legumes realça a doçura natural e melhora o sabor deles. Abobrinhas são excelentes fontes de magnésio, o qual ajuda o organismo a absorver outros minerais.

Gazpacho com limão, queijo feta e trigo bulgur

Rendimento: 4 porções
400 g de tomates picados
300 ml de suco de tomate
2 dentes de alho descascados e amassados
1 colher de sopa de azeite de oliva
2 colheres de sopa de vinagre de vinho branco
Molho de pimenta
1 pimentão vermelho, cortado ao meio, sem sementes e picado fininho
100 g de trigo bulgur (ou trigo para quibe)
Raspas e suco de meio limão
75 g de queijo feta esfarelado
2 colheres de sopa de salsinha picada
Pimenta-do-reino moída na hora

1 Em um processador, junte o tomate picado, o suco de tomate, o alho, o azeite de oliva, o vinagre e o molho de pimenta. Bata até ficar homogêneo e tempere com a pimenta-do-reino a gosto. Transfira para uma bacia e junte, sem parar de mexer, o pimentão vermelho. Cubra e resfrie a sopa por 15 minutos ou mais.
2 Em outra bacia, coloque o trigo e despeje por cima 100 ml de água fervente. Deixe hidratar por 10 minutos. Com um garfo, misture o trigo com as raspas e o suco de limão, o queijo feta e a salsa. Tempere com pimenta-do-reino a gosto.
3 Coloque a sopa fria em tigelas. Antes de servir, regue cada tigela com uma colherada do molho de queijo e trigo.

Esta sopa fria do Mediterrâneo é ideal para almoços de verão. O trigo para quibe tem textura crocante e é rico em vitaminas do complexo B. O queijo feta é ótima fonte de cálcio.

Bisque de mexilhões ao alho

Rendimento: 4 porções
250 g de mexilhões frescos
1 colher de sopa de azeite de oliva
3 dentes de alho amassados
350 g de molho *arrabiatta* fresco
300 ml de vinho tinto
2 colheres de sopa de salsinha picada

1 Descarte todos os mexilhões com as cascas quebradas que não se fecharem quando apertados. Lave-os bem em água fria e retire as pequenas rebarbas.
2 Aqueça o azeite em uma panela grande e coloque o alho, sem parar de mexer por 30 segundos. Adicione os mexilhões, o molho *arrabiatta* e o vinho tinto. Cubra com uma tampa que seja bem justa à panela e deixe cozinhar por 2 a 3 minutos ou até que os mexilhões se abram. Descarte aqueles que permanecerem fechados.
3 Com uma concha, coloque o bisque em tigelas, salpique a salsa e sirva com pão crocante.

Esta sopa fumegante de mexilhões com molho puxado no alho é fácil de preparar e fica uma delícia. Salpique com salsinha picada para dar um certo frescor.

Sopa de peixe defumado

Ilustração nas páginas anteriores

Rendimento: 4 porções
2 colheres de chá de azeite de oliva
1 cebola bem picada
500 g de batatas, sem casca, em cubinhos
600 ml de caldo de peixe
300 ml de leite semidesnatado
1 lata de 340 g de milho em conserva
450 g de hadoque ou bacalhau defumado, sem espinhas e sem pele, cortado em pedaços pequenos
2 colheres de sopa de salsinha picada
Pimenta-do-reino moída na hora.

1 Aqueça o azeite em uma panela grande, adicione a cebola e cozinhe por 5 minutos. Coloque os cubinhos de batata e cozinhe por mais 1 minuto. Despeje o caldo de peixe e ferva. Abaixe o fogo, cubra e deixe fervendo em fogo brando por 12 a 15 minutos ou até a batata cozinhar.
2 Com uma escumadeira, retire metade da batata do caldo e reserve. Ponha o resto da sopa no liquidificador, adicione o leite e bata até ficar homogêneo. Leve de volta à panela.
3 Coloque o milho, e cozinhe em fogo brando por dois minutos. Mexendo sempre, coloque os pedaços de peixe e as batatas reservadas, cozinhando por mais 3 a 4 minutos. Coloque a salsinha e tempere com a pimenta a gosto. Sirva em tigelas aquecidas.

Uma sopa espessa feita com hadoque ou bacalhau defumado, milho e batata. O peixe é saboroso e rico em proteína, além de ter pouquíssima gordura. Combinar metade das batatas com o caldo e o leite dá a esta sopa uma adorável textura cremosa, sem a necessidade de usar creme de leite.

Sopa de macarrão com camarão ácido e picante

Rendimento: 4 porções

1 colher de chá de óleo de amendoim
½ colher de chá de flocos de chilli
1 gengibre de aproximadamente 2,5 cm bem picado
1 dente de alho amassado
1,2 litro de caldo de galinha
250 g de camarões tigre sem casca
1 colher de sopa de molho tailandês de peixe
150 g de ervilhas de quebrar cortadas ao meio
125 g de *noodles* de arroz
Raspas e suco de uma lima

1 Aqueça o óleo de amendoim em uma panela grande e adicione, mexendo sempre, os flocos de chilli, o gengibre e o alho e cozinhe tudo por 1 minuto. Adicione o caldo e ferva. Abaixe o fogo e deixe ferver em fogo brando por 10 minutos.

2 Junte, sem parar de mexer, os camarões, o molho de peixe, as ervilhas, o *noodle* de arroz e o suco e as raspas de lima. Ferva e deixe assim em fogo brando por 3 minutos até que os camarões fiquem rosas e cozidos. Sirva em tigelas aquecidas.

Deixar o caldo em infusão com aromatizantes como o gengibre, o chilli e o alho cria rapidamente um estilo oriental à sopa. Adicionar camarões e *noodles* transforma esse prato numa sopa tentadora e saborosa.

Sopa de frango ao curry

Rendimento: 4 porções

250 g de filés de peito de frango sem pele e sem osso
2 colheres de sopa de pasta de curry
1 cebola sem casca, cortada em rodelas bem finas
1 litro de caldo de galinha
175 g de folhas de espinafre novas
2 colheres de sopa de chutney de manga
Pimenta-do-reino fresca, moída na hora

1 Corte o peito de frango em tiras bem finas e reserve. Aqueça a pasta de curry em uma panela e junte a cebola sem parar de mexer. Cubra e cozinhe por 5 minutos, mexendo de vez em quando. Adicione as tiras de frango e cozinhe por 1 minuto, mexendo sempre.
2 Despeje o caldo de galinha e deixe ferver. Abaixe o fogo e cozinhe em fogo brando por mais ou menos 5 minutos.
3 Coloque o espinafre e o chutney. Aqueça até o espinafre murchar e tempere com pimenta a gosto. Coloque em tigelas aquecidas e sirva com pães chapatti mornos.

Compre caldos de boa qualidade, especialmente aqueles com pouco ou sem adição de sal.

Sopa de macarrão com frango e repolho branco

Rendimento: 4 porções

1,2 litro de caldo de missô
1 colher de sopa de gengibre ralado
2 colheres de sopa de molho de soja de boa qualidade
250 g de filés de peito de frango sem pele e sem osso
125 g de macarrão (do tipo noodles) de arroz salteados
200 g de repolho branco dividido em folhas
½ punhado de cebolinha picada
2 colheres de óleo de gergelim
Pimenta-do-reino moída na hora

1 Prepare o caldo de missô de acordo com as instruções da embalagem. Coloque numa panela grande e adicione o gengibre, o molho de soja e as tiras de frango. Ferva e deixe assim, em fogo brando por 3 minutos.
2 Adicione o *noodles* de arroz e cozinhe por 1 minuto. Coloque o repolho branco e deixe cozinhar por mais 1 minuto. Sem parar de mexer, adicione a cebolinha e cozinhe em fogo brando por mais um minuto. Misture o óleo de gergelim e tempere com pimenta-do-reino a gosto. Sirva em tigelas aquecidas.

Noodles de arroz e frango enchem de sabor este caldo simples. Missô é um alimento japonês feito a partir de grãos de soja fermentados. É comum encontrá-los em sachês. Para este caldo, use dois ou mais sachês a gosto.

peixes **saudáveis**

Hoki aromatizado com folhas de louro e limão

Rendimento: 4 porções

4 filés de hoki ou hadoque sem escamas, cada um com aproximadamente 150 g
8 folhas de louro
1 limão em rodelas finas
4 colheres de sopa de vermute seco
Pimenta-do-reino moída na hora

Para o purê

900 g de batatas sem cascas
4 colheres de sopa de iogurte natural
3 colheres de sopa de leite morno
2 colheres de sopa de mostarda integral

1 Para o purê, corte as batatas em pedaços iguais e coloque-as numa panela com água. Cozinhe-as em fogo brando. Preaqueça o forno a 190ºC (170ºC, para fornos de convecção).
2 Enquanto isso, arrume os filés de peixe em um refratário e tempere com a pimenta-do-reino. Em cada filé, coloque uma folha de louro e cubra com as rodelas de limão. Regue com o vermute e cubra com papel manteiga. Asse por 10 a 12 minutos ou até o peixe se tornar opaco.
3 Escorra as batatas e volte com elas à panela. Esprema-as até ficar homogêneo. Misture, sem parar de mexer, o iogurte, o leite e a mostarda e tempere a gosto.
4 Sirva o peixe com o purê ervilhas partidas ou do tipo mangetout (ou com casca).

O hoki é um peixe de carne firme e branca proveniente da Nova Zelândia, parecido com o bacalhau e bom para ser assado. Uma maneira saudável de se fazer um purê cremoso e saboroso, sem a adição de manteiga e creme de leite, é misturar mostarda com iogurte natural.

Bacalhau empanado na mostarda com pimentões assados

Ilustração nas páginas anteriores

Rendimento: 4 porções
75 g de couscous
3 pimentões vermelhos
1 colher de sopa de azeite de oliva
2 colheres de sopa de mostarda Dijon
4 postas de bacalhau, com aproximadamente 150 g cada
350 gramas de feijão-da-espanha, sem as pontas e fatiados
Suco de limão
Pimenta-do-reino moída na hora

1 Preaqueça o forno a 200°C (180°C, para fornos de convecção). Em uma bacia pequena, coloque o couscous e despeje 100 ml de água fria. Deixe hidratar por 5 minutos.
2 Corte os pimentões ao meio, tire suas sementes e seus interiores. Depois corte cada metade em tiras. Coloque-os em uma assadeira, regue com azeite de oliva e misture bem para o azeite cobri-los por inteiro. Asse por 25 a 30 minutos.
3 Espalhe a mostarda uniformemente sobre as postas de bacalhau, salpique o couscous e pressione para aderir. Reserve.
4 Misture o feijão-da-espanha com os pimentões e tempere com a pimenta-do-reino. Coloque as postas de bacalhau por cima e esprema o limão. Asse por 8 a 10 minutos.
5 Enquanto isso, preaqueça a grelha e coloque a assadeira por baixo dela por 1 a 2 minutos ou até que o couscous fique crocante ou dourado. Sirva imediatamente.

Postas de bacalhau permanecem bastante suculentas debaixo de uma crosta diferente como a do couscous, que é hidratada em água fria, em vez de quente, para proporcionar uma crocância a mais. Pimentões vermelhos e feijão-da-espanha dão cor e têm muita vitamina C.

Bacalhau no presunto de Parma com feijão e salada de rúcula

Rendimento: 4 porções

- 4 lombos de bacalhau sem pele, cada um com aproximadamente 150 g
- 12 folhas de sálvia
- 4 fatias de presunto de Parma
- 2 latas de feijão *flageolet* (ou feijão verde francês) de 300 g cada
- 2 dentes de alho sem casca e amassados
- 2 colheres de sopa de azeite extravirgem
- 1 colher de sopa de suco de limão
- 125 g de folhas de rúcula
- Pimenta-do-reino fresca, moída na hora

1 Preaqueça o forno a 220°C (200°C para fornos de convecção). Tempere o bacalhau com a pimenta-do-reino. Sobre cada pedaço de lombo, coloque uma folha de sálvia e enrole com uma fatia de Parma. Ponha numa assadeira e asse por 6 a 8 minutos, dependendo da espessura do lombo.
2 Enquanto isso, coloque o feijão numa panela. Adicione o alho e mexa por 2 minutos ou até aquecer, em fogo médio. Adicione o azeite e o suco de limão e misture bem. Junte as folhas de rúcula e mexa bem.
3 Divida a salada de rúcula e o feijão entre quatro pratos e, em cada um, coloque, ao longo, um lombo enrolado no presunto. Sirva imediatamente.

Presunto de Parma e peixes carnudos se complementam muito bem. Alho e suco de limão realçam o sabor do feijão *flageolet* e folhas de rúcula proporcionam um contraste picante e delicioso.

Tortilhas de hadoque defumado

Rendimento: 4 a 6 porções

450 g de batatas sem cascas e cortadas ao meio
225 g de filé de hadoque defumado, sem pele
2 colheres de chá de azeite de oliva
2 cebolas grandes, sem casca, em rodelas finas
6 ovos
Pimenta-do-reino, moída na hora

Para a salsa

300 g de favas jovens, cozidas e sem pele
3 tomates picados
1 colher de sopa de ketchup
Molho de pimenta

1 Escalde as batatas em água por mais ou menos 8 a 10 minutos até amaciarem e escorra. Quando frias o bastante para manuseá-las, corte-as em fatias grossas. Corte os filés de hadoque em fatias finas e reserve.
2 Em uma frigideira antiaderente que possa ir ao grill, coloque a cebola, cubra e salteie por 5 minutos, mexendo de vez em quando. Retire a tampa e cozinhe por 8 minutos ou até que a cebola esteja macia e com leve dourado. Adicione, sem parar de mexer, a batata e deixe por mais dois minutos.
3 Preaqueça o grill. Bata os ovos e tempere com pimenta-do-reino. Ponha os ovos batidos numa frigideira e por cima jogue os pedaços de hadoque. Cozinhe a tortilha por 4 minutos, balançando a frigideira de vez em quando ou até ficar firme por baixo.
4 Leve ao grill e cozinhe por mais 3 minutos ou até dourar e ficar firme do lado de cima. Enquanto isso, misture os ingredientes da salsa e tempere com pimenta-do-reino a gosto.
5 Ponha a tortilha em um prato e corte-a em fatias. Sirva imediatamente com a salsa de tomate e favas.

Sardinha com limão no pão árabe

Rendimento: 4 porções
100 g de requeijão
Raspas (bem finas) de um limão
2 latas de 120 g de sardinha no molho de tomate
4 pães árabes integrais
Azeite de oliva para pincelar
100 g de folhas de rúcula
Pimenta-do-reino, moída na hora
Fatias de limão para servir

1 Misture o requeijão, as raspas de limão e a pimenta a gosto. Misture gentilmente a sardinha, fazendo que a mistura fique cheia de pedaços.
2 Pincele os pães árabes com um pouco de azeite de oliva e cozinhe em uma chapa por 1 minuto até ficar tostado e crocante.
3 Abra os pães árabes e divida a mistura de sardinhas igualmente em cada um deles, juntamente com as folhas de rúcula. Sirva de imediato com as fatias de limão.

Com um pouco de imaginação, uma nutritiva lata de sardinha pode se transformar numa rápida refeição. As folhas de rúcula proporcionam um apimentado frescor.

Filé de cavala assado com aveia ao molho de maçã

Rendimento: 4 porções

8 filés de cavala
4 colheres de sopa de mostarda integral
10 bolos de aveia amassados

Para o molho de maçã:

4 maçãs grandes
Raspas e suco de ½ limão
2 colheres de chá de folhas de tomilho
Pimenta-do-reino moída na hora

1 Preaqueça o forno a 200ºC (180ºC para fornos de convecção). Em uma assadeira antiaderente, coloque os filés de cavala com a pele virada para baixo. Por cima, espalhe a mostarda e cubra com os farelos dos bolos de aveia. Deixe assar por 10 minutos.
2 Enquanto isso, descasque e tire os caroços das maçãs e pique-as. Cozinhe-as com a raspa e o suco de limão por 5 a 6 minutos até amaciarem, mas sem perder seu formato. Misture as folhas de tomilho e pimenta-do-reino a gosto.
3 Sirva a cavala com o molho de maçã e feijão verde ou ervilhas.

Como outros peixes oleosos, a cavala é rica em Ômega-3. Este peixe também é fácil de ser encontrado, e é relativamente barato. Compre a cavala bem fresca apenas no dia em que pretender consumi-la.

Cavala na chapa com lentilhas e espinafre

Rendimento: 4 porções

2 colheres de sopa de sementes de coentro
1 colher de sopa de pimenta-do-reino moída
4 colheres de sopa de folhas de salsa picadas
8 filés de cavala pequenos
1 colher de sopa de azeite de oliva

Para as lentilhas

1 colher de sopa de óleo de girassol
1 cebola grande picada sem casca
4 dentes de alho amassados sem casca
1 colher de sopa de garam masala
350 g de lentilhas vermelhas lavadas
1,2 litros de caldo de legumes
225 g de folhas de espinafre picadas

1 Para conseguir o sabor das sementes de coentro, amasse com um pilão, ou coloque-as em um saco plástico resistente e bata com um rolo de massa. Depois misture com a pimenta e a salsa em uma bacia.
2 Passe azeite de oliva no lado da carne dos filés e salpique a mistura de temperos, pressionando para aderir. Reserve.
3 Para a lentilha, aqueça o óleo de girassol em uma panela grande. Adicione a cebola e frite no vapor por 5 minutos. Coloque o alho e o garam masala e cozinhe por mais 1 minuto. Misture a lentilha e o caldo de legumes ferva e deixe em fogo brando por 15 a 20 minutos ou até as lentilhas cozinharem.
4 Aqueça uma chapa antiaderente em fogo médio. Quando estiver quente, coloque os filés com a pele virada para baixo e cozinhe por 2 a 3 minutos. Vire cuidadosamente e deixe por mais dois minutos.
5 Misture o espinafre à lentilha e cozinhe até que se desmanche. Divida em quatro pratos e coloque, por cima, dois filés em cada um.

Lentilhas são extremamente nutritivas. São boas fontes de proteína, fibra, vitaminas B, cálcio, ferro e fósforo.

Sushi de salmão

Rendimento: 4 porções

400 g de filé de salmão sem pele
2 colheres de azeite extravirgem
Suco de 1 limão
Suco de 1 lima
4 cebolinhas aparadas e picadas
1 pimenta-malagueta vermelha sem sementes, em cubinhos
225 gramas de arroz tailandês
1 abacate maduro, cortado ao meio, sem caroço, sem casca e em finas fatias
Pimenta-do-reino moída na hora
Para servir, ramos de coentro

1 Faça fatias finas de filés de salmão e coloque-os num prato raso. Misture o azeite de oliva com o suco de limão, metade do suco de lima, a cebolinha, a malagueta e um pouco de pimenta-do-reino. Coloque a mistura por cima do salmão, cubra e deixe marinar em local frio por 20 minutos.
2 Enquanto isso, cozinhe o arroz tailandês de acordo com as instruções da embalagem. Deixe esfriar levemente e depois misture ao resto do suco de lima e um pouco de pimenta-do-reino. Coloque firmemente o arroz em xícaras e desenforme em pratos individuais.
3 Em volta do arroz, coloque os filés de salmão e as fatias de abacate, espalhando por cima o marinado. Para servir, guarneça com as folhas de coentro.

Para este prato, é essencial um salmão muito fresco. Proporciona uma entrada atraente ou um almoço leve de verão.

Salmão ao chilli com *pilaf* de abobrinha

Rendimento: 4 porções
225 g de arroz basmati
2 colheres de chá de azeite de oliva
1 cebola picada e cortada em cubinhos
4 abobrinhas picadas
1 limão pequeno cortado em quatro
600 ml de caldo de legumes
4 filés de salmão, de aproximadamente 150 g cada, sem pele
4 colheres de chá de chilli
3 colheres de sopa de folhas de coentro picadas
Pimenta-do-reino moída na hora

1 Lave o arroz em água fria e deixe escorrer bem.
2 Aqueça o azeite de oliva numa panela grande e rasa. Adicione a cebola, o alho e dê uma leve cozida por 5 minutos ou até amolecerem. Coloque o arroz, as abobrinhas e os limões e cozinhe por 1 minuto.
3 Adicione o caldo de legumes e deixe ferver. Cubra e cozinhe em fogo brando por mais 15 minutos, até que o caldo evapore e o arroz fique macio.
4 Adicione o caldo de legumes e deixe ferver. Cubra e cozinhe em fogo brando por mais ou menos 15 minutos, até que o caldo evapore e o arroz esteja macio.
5 Enquanto isso, preaqueça o grill. Coloque os filés de salmão numa assadeira, salpique pimenta-do-reino e regue cada um deles com uma colher de chá do molho de pimenta malagueta. Deixe no grill por 5 a 6 minutos até cozinhar ou ficar levemente tostado.

Um leve toque de chilli realça bastante todos os sabores deste prato, que é repleto de proteínas e vitaminas.

Batata assada recheada com anchovas e atum

Rendimento: 4 porções

4 batatas inglesas grandes
1 colher de chá de azeite de oliva
2 latas de atum de 160 g cada, drenadas
1 lata de 400 g de feijão cannellini (o carioquinha é da mesma família), drenada
1 lata de 50 g de filés de anchova, picados (drenar, mas reservar o óleo)
1 cebola vermelha, sem casca, cortada em rodelas bem finas
Raspas e suco de 1 limão
4 colheres de sopa de salsa picada
Pimenta-do-reino moída na hora

1 Preaqueça o forno a 200ºC (180ºC para fornos de convecção). Unte as batatas com o azeite de oliva e leve para assar por aproximadamente 1 hora até amaciar.
2 Enquanto isso, pique o atum e misture-o com o feijão, as anchovas com seu óleo, a cebola vermelha, o suco e as raspas de limão a salsa picada e pimenta-do-reino a gosto.
3 Abra as batatas, recheie com a salada de atum e sirva de imediato.

Peixes enlatados em óleo são uma "mão na roda". As batatas inglesas aqui são recheadas com salada de atum para uma refeição que sustenta, bem saudável.

Atum seco com vagem e manjericão

Rendimento: 4 porções

1 colher de chá de azeite de oliva
4 postas de atum, cada uma com aproximadamente 150 g
2 colheres de sopa de aceto balsâmico
450 g de batatas calabresas
225 g de vagens sem as pontas
200 g de tomates-cereja cortados ao meio
½ molho de cebolinhas picadas bem fininhas
Pimenta-do-reino moída na hora

Para o Pistou

2 dentes de alho sem casca
1 molho grande de manjericão
2 colheres de sopa de azeite extravirgem
Suco de meia laranja

1 Espalhe o azeite de oliva por cima das postas de salmão e esfregue com as pontas dos dedos. Coloque num prato raso, salpique pimenta-do-reino e regue com o vinagre balsâmico. Reserve por 15 minutos.
2 Cozinhe as batatas, escorra e deixe-as esfriar. Coloque a vagem em uma panela com água fervente e escalde por 2 a 3 minutos. Escorra e esfrie com água fria. Seque bem e coloque em uma bacia. Junte as batatas, os tomates, a cebolinha e misture bem.
3 Aqueça bem uma chapa antiaderente e frite o atum por 2 minutos cada lado até cozinhar.
5 Coloque 2/3 do pistou sobre a salada e misture. Distribua em quatro pratos e, por cima, em cada um, coloque uma posta de atum e regue com o resto do pistou. Sirva imediatamente.

Atum fresco é rico em Ômega-3 – tipo de óleo valioso que ajuda a manter a boa saúde do coração.

frangos e perus **saudáveis**

Frango com tempero cítrico ao *tzatziki*

Rendimento: 4 porções

1 frango orgânico ou caipira de aproximadamente 1,6 kg
1 punhado de ramos de tomilho
1 laranja grande cortada em quatro partes iguais
2 limões cortados ao meio
Pimenta-do-reino moída na hora

Para o *tzatziki*

½ pepino
200 g de colhada fresca
1 dente de alho amassado
1 colher de sopa de azeite extravirgem
20 g de folhas de menta picadas
Suco de limão a gosto

1 Preaqueça o forno a 200°C (280°C para fornos de convecção). Em uma tábua, deite o frango com o peito virado para baixo e, usando uma tesoura bem afiada, abra-o pelo dorso. Pressione-o contra a tábua, usando a base da mão, para que fique plano. Tempere com bastante pimenta e leve ao forno, em uma assadeira ou forma, ainda com o peito virado para baixo. Espalhe o tomilho e deixe assar por 30 minutos.
2 Retire do forno e abaixe para 180°C (160°C para fornos de convecção). Esprema o suco dos limões e das laranjas sobre o frango. Não descarte as cascas usadas. Coloque-as junto ao frango na assadeira e vire-o. Leve de volta ao forno e deixe assar por mais 30 a 40 minutos, até o frango assar. Para checar, espete a parte mais grossa da entrecoxa. O suco que sair deve ser límpido. Se sair rosa, deixe no forno por mais algum tempo.
3 Enquanto isso, prepare o *tzatziki*. Rale o pepino, retire o excesso de líquido e coloque em uma bacia. Adicione a coalhada, o alho, o azeite, a hortelã, o suco de limão e pimenta a gosto.
4 Retire o frango do forno, cubra com papel laminado e deixe descansar em local morno por 10 minutos. Sirva com o *tzatziki* e salada de agrião se quiser.

Assar o frango aberto é mais rápido e ele fica mais uniforme, além de fazer com que o peito fique mais suculento.

Frango assado com maçã e batatinhas calabresas

Ilustração nas páginas anteriores

Rendimento: 4 porções

4 sobrecoxas de frango orgânico ou caipira
4 coxas de frango orgânico ou caipira
Suco de meio limão
1 colher de sopa de azeite de oliva
2 cebolas roxas sem casca, cortadas ao meio e cada metade cortada em 4 pedaços
200 ml de cidra
150 ml de caldo de galinha
3 maçãs médias, sem caroço, cortadas em 6 pedaços
3 ramos de alecrim

Para as batatinhas

675 g de batatinhas calabresas cortadas ao meio em sentido longitudinal
2 colheres de chá de azeite de oliva

1 Preaqueça o forno a 200ºC (180ºC para fornos de convecção). Coloque as batatas numa assadeira e regue com as duas colheres de chá de azeite de oliva. Asse na prateleira mais alta do forno por 35 a 40 minutos, até ficarem macias e crocantes.
2 Coloque o frango em cima de uma grade, de modo que esta fique suspensa sobre uma assadeira. Esprema o limão por cima do frango. Asse com a pele virada para cima, na parte de baixo do forno, por 25 minutos.
3 Enquanto isso, aqueça o azeite e ponha a cebola para fritar no vapor, em fogo médio, por 10 a 15 minutos, até começar a amolecer e dourar. Retire a tampa e adicione a cidra e o caldo de galinha. Deixe fervendo em fogo brando por 5 minutos.
4 Passe o frango para um prato. Remova a gordura da assadeira e coloque ali a cebola e a mistura de cidra. Junte as maçãs e o alecrim e depois os pedaços de frango com a pele virada para cima. Asse por mais 15 a 20 minutos, até o frango cozinhar. Sirva com as batatas.

Os pedaços de frango são assados primeiro em cima de uma grade até ficarem crocantes e eliminarem toda a gordura da pele, e depois sobre uma camada de maçãs temperadas com alecrim e cidra.

Frango ao *tapenade* com lentilhas e limão

Rendimento: 4 porções

4 filés de peito sem pele, cada um com aproximadamente 150 g
4 colheres de sopa de *tapenade* de azeitonas pretas
4 fatias de presunto de Parma
4 folhas de louro
1 colher de chá de azeite
Pimenta-do-reino moída na hora

Para a lentilha

300 g de lentilhas
1 litro de caldo de galinha ou de legumes
4 colheres de sopa de azeite extravirgem
Raspas e suco de 1 limão
225 g de folhas de espinafre

1 Preaqueça o forno a 200ºC (180ºC para fornos de convecção). Coloque a lentilha numa panela com o caldo, ferva e deixe em fogo brando por 20 a 25 minutos até cozinhar.
2 Enquanto isso, coloque os peitos numa tábua e remova o pequeno filé que se encontra do lado de baixo dos mesmos. Reserve. Nos peitos, faça cortes longitudinais, mas sem cortá-los por inteiro, de modo a formar bolsos. Tempere com pimenta.
3 Em cada um dos bolsos, coloque uma colher de sopa de tapenade, dobre as abas e cubra o recheio com os filés reservados. Enrole os peitos com fatias de presunto de Parma e com uma folha de louro. Pincele com azeite.
4 Aqueça uma frigideira antiaderente (de preferência uma que possa ir ao forno), coloque o frango e frite os dois lados por 2 minutos até dourar. Leve ao forno e asse por 12 a 15 minutos ou até que o frango asse. (Se sua frigideira não puder ir ao forno, transfira o frango para uma assadeira.)
5 Quando cozida, escorra a lentilha e leve de volta à panela. Misture e mexa o azeite extravirgem, as raspas e o suco de limão. Leve de volta ao fogo, junte o espinafre e mexa até que este se desmanche. Tempere com pimenta a gosto. Sirva o frango com a lentilha.

Tapenade ou pasta de azeitona preta é um delicioso recheio para o frango.

Ragu de frango e ameixas

Rendimento: 4 porções

3 cebolas roxas grandes cortadas em 8 pedaços
2 colheres de sopa de azeite de oliva
8 dentes de alho com casca
4 filés de frango sem pele, cada um com aproximadamente 150 g
200 ml de vinho tinto
250 g de ameixas secas
4 ramos de tomilho
150 ml de caldo de galinha quente

1 Preaqueça o forno a 200ºC (180ºC para fornos de convecção). Coloque os pedaços de cebola numa assadeira e regue com uma colher de sopa de azeite. Asse por 20 minutos. Adicione o alho e asse por mais 10 minutos.
2 Enquanto isso, com uma faca pequena, faça cortes em cruz na parte de cima de cada peito, tomando cuidado para não cortar por inteiro. Coloque em um prato raso, despeje o resto do azeite e 50 ml de vinho tinto. Deixe marinar por 20 minutos.
3 Aqueça uma frigideira antiaderente grande em fogo médio e frite o frango por 2 minutos cada lado até dourar.
4 Espalhe as ameixas e o tomilho sobre a cebola e o alho e despeje o resto do vinho e do caldo. Coloque por cima o frango e leve ao forno para assar por 15 a 20 minutos ou até que o frango cozinhe por inteiro. Sirva com couscous, arroz ou purê de batata.

Sou uma grande fã de ameixas secas suculentas. Elas são ricas em fibras e antioxidantes, e vão bem com pratos saborosos como este. Não se preocupe com a quantidade de alho neste prato. Eles adocicam e suavizam no sabor quando assados com casca.

Frango empanado no fubá

Rendimento: 4 porções

8 filés de sobrecoxa sem pele
Suco de 1 limão
2 colheres de sopa de tempero cajun
4 colheres de sopa de fubá
½ colher de sopa de azeite
1 cebola grande sem casca e fatiada
3 pimentões vermelhos, sem sementes, sem miolo e fatiados
1 pitada de açúcar
1 dente de alho grande amassado
150 ml de caldo de legumes
150 ml de suco de tomate
Pimenta-do-reino moída na hora
ramos de agrião para servir

1 Preaqueça o forno a 200ºC (180ºC para fornos de convecção). Abra os filés e regue com o suco de limão. Salpique com metade do tempero cajun e enrole.
2 Misture o fubá com o resto de tempero cajun e espalhe num prato. Passe nas sobrecoxas, apertando com o dedo para aderir bem. Transfira o frango para uma assadeira e asse por 35 a 40 minutos até dourar e cozinhar.
3 Enquanto isso, aqueça o azeite em uma panela grande. Adicione a cebola e os pimentões, cubra com um pedaço de papel-manteiga ou umedecido e coloque a tampa na panela. Cozinhe levemente por 15 minutos, até amaciar bem. Misture o açúcar, o alho, o caldo e o suco de tomate. Cubra novamente e cozinhe por mais 10 minutos. Deixe esfriar e bata num liquidificador ou processador até obter uma mistura homogênea. Tempere com pimenta-do-reino a gosto.
4 Sirva o frango empanado com o caldo de pimentões e agrião. Batatinhas calabresas assadas (ver p. 88) são um excelente acompanhamento.

Essas sobrecoxas crocantes empanadas com fubá bem temperado são deliciosas. O fubá é livre de glúten, especialmente bom para aqueles com intolerância a este alimento à base de trigo.

Korma de frango

Rendimento: 4 porções
2 colheres de sopa de óleo de girassol
2 cebolas grandes cortadas em fatias finas
12 filés de sobrecoxa sem pele
3 dentes de alho amassados
1 colher de sopa de garam masala
2 colheres de sopa de cúrcuma moída
1 folha de louro
450 ml de caldo de galinha
75 ml de iogurte natural
150 ml de leite de coco com baixo teor de gordura
20 g de folhas de hortelã picadas
2 colheres de sopa de amêndoas moídas

Para o relish
4 tomates maduros
1 cebola roxa pequena cortada em cubinhos
20 g de folhas de coentro picadas
Suco de limão
Pimenta-do-reino moída na hora

1 Aqueça uma colher de sopa de óleo numa panela rasa grande. Adicione a cebola e deixe fritar no vapor por 10 minutos até amolecer. Tire a tampa da panela e frite por mais 5 minutos até começar a dourar.
2 Enquanto isso, corte os filés ao meio. Aqueça o resto do óleo em uma frigideira antiaderente grande e coloque os pedaços de frango, fritando por 2 minutos cada lado ou até dourar.
3 Coloque o alho e os temperos junto com as cebolas e refogue, mexendo por 1 minuto. Junte o frango e a folha de louro. Adicione o caldo e ferva. Deixe fervendo em fogo brando por 15 a 20 minutos ou até o frango cozinhar.
4 Neste meio tempo, prepare o condimento: misture os tomates, a cebola roxa e o coentro em uma bacia. Misture e adicione o suco de limão e a pimenta-do-reino a gosto. Reserve.
5 Adicione o iogurte, o leite de coco, as amêndoas e a hortelã ao *korma* e aqueça, tomando cuidado para não ferver ou o leite de coco se separa. Tempere a gosto e sirva imediatamente com o condimento e arroz basmati.

Este *korma* cremoso tem muito menos gordura do que se pode imaginar, porque é enriquecido com leite de coco semidesnatado, iogurte natural e amêndoas. Se quiser mais condimentado, adicione chilli aos temperos.

Salteado de frango e gergelim com macarrão

Rendimento: 4 porções

2 filés de peito de frango grandes sem pele
1 colher de sopa de azeite de oliva
1 dente de alho amassado sem casca
1 gengibre de 5 cm cortado em cubinhos
225 g de buquês de brócolis
2 cenouras grandes
1 molho de cebolinha aparada
250 g de macarrão (tipo noodles) de ovos
2 colheres de sopa de molho de soja
1 colher de sopa de mel fino
Suco de 1 laranja
1 colher de sopa de sementes de gergelim torradas
Pimenta-do-reino moída na hora

1 Corte os peitos de frango em tiras e coloque-os em uma bacia com o alho, o azeite e o gengibre. Misture bem e reserve.
2 Ponha os buquês de brócolis em uma forma refratária, cubra com água fervente e deixe descansar por 1 minuto. Escorra, refresque com água corrente e escorra novamente. Corte a cenoura em palitos bem finos.
3 Aqueça uma panela grande ou frigideira (do tipo wok oriental) antiaderente e salteie o frango por 2 minutos. Adicione as cenouras, o brócolis e uma colher de sopa de água. Cubra com uma tampa e deixe fritar no vapor por 4 a 5 minutos até o frango cozinhar, adicionando a cebolinha no final.
4 Enquanto isso, cozinhe o macarrão de acordo com as instruções na embalagem. Em uma bacia, misture o molho de soja com o suco de laranja.
5 Escorra bem o macarrão e leve-o à panela com o molho de soja e laranja. Mexa até ferver. Tempere jogando as sementes de gergelim por cima. Sirva imediatamente em tigelas mornas.

Este salteado é rápido e colorido, além de ser rico em nutrientes. Brócolis é uma ótima fonte de vitaminas, inclusive antioxidantes e minerais. Saltear ajuda a manter a vitamina C dos ingredientes desta receita.

Frango com gergelim quente e salada de abacate

Ilustração nas páginas anteriores

Rendimento: 4 porções

2 filés de peito de frango grandes sem pele
3 colheres de sopa de mostarda integral
1 colher de sopa de mel fino
Suco de 1 limão
½ colher de sopa de óleo de girassol
1 abacate maduro sem caroço, sem casca e fatiado
1 punhado grande de folhas verdes "como alface jovem"
2 colheres de sopa de sementes de girassol
1 colher de chá de óleo de gergelim
Pimenta-do-reino moída na hora

1 Corte os filés em tiras do tamanho de um dedo e coloque-as numa bacia com a pimenta-do-reino e adicione a mostarda, o mel e o suco de limão. Misture bem.
2 Aqueça bem o óleo de girassol numa frigideira comum ou do tipo *wok* (oriental) antiaderente. Coloque o frango temperado e salteie por 5 a 6 minutos ou até dourar e cozinhar. Enquanto isso, misture as fatias de abacate às folhas verdes e coloque em quatro pratos grandes.
3 Junte as sementes de gergelim ao frango e cozinhe por mais um minuto ou até as sementes começarem a dourar. Ponha o frango ao gergelim sobre as folhas nos pratos e regue com o óleo de gergelim. Sirva imediatamente como um almoço leve ou como uma ceia, com pão de farinha Granary para passar no molho.

Muito saboroso, este prato de preparo prático e rápido leva abacate. Considerado como um "superalimento", o abacate contém mais proteínas do que qualquer outra fruta, muita vitamina E e o importante potássio. Também é rica em gorduras monoinsaturadas, as quais fornecem energia para manter a saúde do coração.

Hambúrgueres de peru com molho verde tailandês

Rendimento: 4 porções

450 g de carne moída de peru magra
125 g de cenoura ralada (3 cenouras médias)
4 cebolinhas aparadas e picadas
1 ½ colher de sopa de pasta de curry verde tailandês
1 clara
1 colher de sopa de óleo de amendoim

Para servir

4 pães ciabattas
1 punhado de folhas verdes para salada, como rúcula
4 tomates cereja fatiados
Chutney de manga a gosto

1 Em uma bacia grande, misture a carne moída com a cenoura, a cebolinha e a pasta de curry. Adicione a clara e misture bem até dar liga.
2 Divida a mistura em quatro porções iguais e modele no formato de hambúrgueres. Coloque numa tábua pequena ou num prato raso, cubra com papel filme e leve à geladeira por 20 minutos.
3 Aqueça o óleo de amendoim em uma frigideira grande antiaderente, coloque os hambúrgueres e frite por 5 a 7 minutos cada lado ou até dourar e cozinhar por completo.
4 Abra os pães e coloque, no meio, os hambúrgueres com as folhas, as rodelas de tomate e uma boa colherada de chutney.

Estes hambúrgueres, altamente proteicos e com baixo teor de gordura, são temperados com pasta de curry verde tailandês e levam cenoura ralada para mantê-los bem suculentos.

Bifes de peru com gremolata picante

Ingredientes: 4 porções

4 bifes de peru (cada um com aproximadamente 125 g)
Raspas e suco de 1 limão
1 pão ciabatta ralado
1 dente de alho sem casca picado
20 g de salsa lisa picada
Pimenta-do-reino moída na hora

Para a vagem assada e o tomate

250 g de tomates
250 g de vagens aparadas
1 colher de sopa de azeite de oliva

1 Preaqueça o forno a 200ºC (180ºC, para fornos de convecção). Coloque cada bife entre dois pedaços de papel filme ou manteiga e estique até adquirir espessura de aproximadamente 5 mm, usando um rolo de macarrão. Ponha os bifes em um refratário e regue com o suco de limão e o azeite. Tempere com pimenta.
2 Coloque os tomates e vagem numa assadeira, regue com um fio de azeite e tempere com a pimenta. Espalhe as migalhas do pão em outra assadeira menor.
3 Leve as duas assadeiras ao forno. Retire as migalhas após 5 minutos. Elas estarão crocantes e douradas. Deixe a vagem e o tomate assando por mais 8 a 10 minutos.
4 Enquanto isso, aqueça bem uma chapa antiaderente. Coloque os bifes e cozinhe por 2 a 3 minutos cada lado (talvez você tenha que repetir esse processo).
5 Misture as migalhas, as raspas de limão, o alho e a salsa numa bacia e tempere com pimenta. Ponha os bifes em pratos mornos. Por cima, espalhe as vagens e os tomates. Por fim, adicione generosas porções de migalhas de gremolata. Sirva de imediato.

Pilaf aromático de peru

Rendimento: 4 porções
200 g de filé de peito de peru
225 g de trigo para quibe
1 colher de sopa de óleo de girassol
1 cebola grande picada e sem casca
1 dente de alho amassado sem casca
1 ½ colher de sopa de *garam masala*
125 g de damascos secos picados
125 g de passas brancas
1 folha de louro
2 cenouras grandes raladas
600 a 750 ml de caldo de galinha
4 colheres de sopa de coentro picado
Pimenta-do-reino moída na hora
1 limão grande cortado em pedaços para servir

1 Corte o peru em fatias de 1 cm e reserve. Em uma bacia, coloque o trigo e cubra generosamente com água. Deixe descansar por 15 minutos.
2 Enquanto isso, aqueça o óleo de girassol em uma panela ou *wok* (oriental) antiaderente, coloque a cebola e cozinhe por 5 minutos até amolecer. Aumente o fogo e coloque o peru. Frite, virando frequentemente por 3 a 4 minutos, ou até que o peru doure por inteiro. Adicione o alho e o *garam masala* e cozinhe por mais um minuto.
3 Adicione as frutas secas, a folha de louro e a cenoura ralada. Depois, coloque o caldo de galinha. Escorra o trigo e leve à panela. Tempere com a pimenta. Cubra e deixe cozinhar por 15 minutos. Coloque mais caldo se o pilaf ficar muito seco; ele deve adquirir a consistência de um risoto.
4 Ponha o *pilaf* em recipiente grande e misture o coentro, deixando um pouco para colocar por cima. Sirva com os pedaços de limão.

Trigo para quibe tem boa textura e um sabor delicioso. Neste *pilaf*, ele substitui o arroz. As cenouras são um saudável aditivo. Você pode usar, se preferir, frango ou porco magro, em vez de peru.

carnes **saudáveis**

Bifes de cordeiro com beterraba e salada de espinafre

Rendimento: 4 porções

4 bifes de perna de cordeiro cada um com aproximadamente 140 g
2 dentes de alho sem casca e amassados
2 colheres de sopa de vinagre balsâmico
1 colher de sopa de azeite de oliva
150 g de folhas jovens de espinafre
400 g de feijão-manteiga
1 cebola roxa, sem casca, em fatias finas
250 g de beterrabas jovens, cozidas e sem casca
Pimenta-do-reino moída na hora
Folhas de hortelã para servir

Para o molho

1 colher de sopa de azeite de oliva
1 colher de sopa de vinagre de vinho branco
1 colher de chá de mostarda Dijon
1 pitada de açúcar
4 colheres de sopa de hortelã picada

1 Coloque os bifes em uma bacia não metálica. Adicione o alho, o vinagre balsâmico, o azeite e bastante pimenta. Vire os bifes no marinado para temperar bem e reserve por 20 minutos ou mais na geladeira.
2 Para fazer o molho, misture o azeite, o vinagre, a mostarda, o açúcar e a hortelã numa bacia, tempere com um pouco de pimenta e reserve.
3 Aqueça uma chapa antiaderente em fogo médio. Ponha o cordeiro e cozinhe por 2 a 3 minutos de cada lado até ficar de *mal passado* para *ao ponto* ou de acordo com sua preferência. Despeje o marinado e deixe até borbulhar e reduzir.
4 Enquanto isso, coloque o espinafre, o feijão-manteiga e a cebola no molho e misture. Divida a salada igualmente entre quatro pratos e coloque por cima as beterrabas jovens. Coloque os bifes ao longo, regue com o molho que sobrou da panela e espalhe algumas folhas de hortelã para servir.

Bifes magros de cordeiro são grelhados e servidos com salada de espinafre, feijão-manteiga, beterrabas e com um refrescante molho de hortelã.

Ragu de cordeiro e cherivia

Ilustração nas páginas anteriores

Rendimento: 4 porções
350 g de perna de cordeiro
1 colher de sopa de farinha de trigo
1 cebola sem casca cortada em cubinhos
150 g de cenouras lavadas
2 cherivias sem pele cortadas em pedaços
2 folhas de louro
2 colheres de sopa de pasta de tomate seco
300 ml de vinho tinto
450 ml de caldo de legumes
Pimenta-do-reino moída na hora
2 colheres de sopa de folhas de manjericão picadas para salpicar

Para o nhoque
225 g de farinha de trigo
1 colher de chá de fermento
2 dentes de alho amassados sem casca
2 colheres de sopa de azeite de oliva
125 ml de leite

1 Corte o cordeiro em pedaços de 2 cm e passe na farinha. Aqueça o azeite em uma panela grande de base pesada e frite o cordeiro em fogo alto até dourar por completo. Retire o cordeiro do fogo e reserve.
2 Na mesma panela, coloque duas colheres de sopa de água e a cebola. Mexa bem em fogo médio para soltar a crosta da fritura do fundo da panela. Abaixe o fogo, cubra e deixe fritar no vapor por 5 minutos, mexendo de vez em quando.
3 Misture a cenoura, a cherivia (também conhecida como pastinaca) e as folhas de louro e cozinhe por 2 minutos. Leve o cordeiro de volta à panela. Adicione a pasta de tomate seco, o vinho tinto e o caldo. Deixe ferver, cubra e cozinhe em fogo brando por 25 a 30 minutos ou até o cordeiro e os legumes ficarem tenros.
4 Para o nhoque, ponha a farinha e o fermento numa bacia e tempere. Faça um "buraco" no meio. Misture o alho, o azeite e o leite e vá colocando aos poucos no "buraco", sovando até conseguir uma massa macia sem ser pegajosa.
5 Faça 16 bolas e coloque em cima do ragu. Coloque a tampa de volta e cozinhe por mais 10 minutos. Espalhe o manjericão para servir.

Carne com curry ao gengibre

Rendimento: 4 porções

2 bifes de contrafilé, cada um com aproximadamente 250 g
1 colher de sopa de azeite de oliva
2 cebolas sem casca, fatiadas
2 colheres de sopa de pasta de curry
Gengibre fresco de aproximadamente 5 cm, sem casca e ralado
600 ml de caldo de legumes
1 lata de 400 g de grão-de-bico lavados sem líquido
100 g de folhas verdes picadas
Pimenta-do-reino moída na hora

1 Passe um pouco de azeite nos bifes e salpique um pouco da pimenta. Aqueça bem uma chapa e sele por 2 minutos cada lado para ficar ao ponto para mal passado ou mais, dependendo do gosto. Reserve para descansar.
2 Aqueça o restante do azeite numa panela rasa grande, coloque a cebola e cozinhe em fogo brando por 5 minutos até começar a amolecer. Coloque a pasta de curry e mexa bem. Cubra e deixe fritar no vapor por 5 minutos em fogo médio mexendo de vez em quando. Adicione o gengibre e cozinhe por 2 minutos.
3 Ponha o caldo e o grão-de-bico numa panela, mexa bem e ferva. Deixe cozinhar em fogo brando por 10 minutos. Adicione as folhas, tampe a panela e deixe cozinhar por mais 1 minuto.
4 Fatie os bifes em tiras na diagonal e misture o curry. Aqueça por 1 minuto e tempere a gosto antes de servir. Sirva com arroz basmatti ou chapattis.

Um prato leve e rápido, preparado de uma forma inovadora. O grão-de-bico realça o sabor picante do curry. Além disso, tiras suculentas de carne são adicionadas juntamente com folhas verdes picadas.

Contrafilé com repolho branco salteado

Rendimento: 4 porções

225 g de bife de contrafilé
250 g de macarrão (do tipo noodles) fino
2 colheres de chá de óleo de amendoim
Um punhado de cebolinhas aparadas e bem picadinhas
2 pimentões vermelhos sem sementes e picados
2 dentes de alho sem casca e amassados
300 g de repolho branco picado
4 colheres de sopa de molho de ameixa
2 colheres de sopa de *sherry* seco
2 colheres de chá de óleo de gergelim

1 Corte o bife em tiras e reserve. Cozinhe o macarrão seguindo as instruções da embalagem.
2 Enquanto isso, aqueça o óleo de amendoim numa frigideira *wok* (oriental), jogue as tiras de contrafilé e salteie, em fogo alto, por 2 minutos. Adicione a cebolinha, os pimentões, o alho e o repolho e salteie por 1 minuto. Junte o molho de ameixa e o *sherry* e cozinhe por 1 minuto.
3 Escorra o macarrão e misture com o óleo de gergelim. Sirva a carne apimentada com o macarrão ainda quente.

Combinar carne magra de boa qualidade com muitos legumes em um salteado como este, faz com que uma simples carne se transforme numa refeição supernutritiva.

Filé mignon com salada ao molho *wasabi*

Rendimento: 4 porções

4 cebolas roxas sem casca cortadas em pedaços
2 colheres de sopa de azeite de oliva
225 g de filé mignon
1 lata de 400 g de lentilhas, lavadas e escorridas
250 g de agrião
Pimenta-do-reino moída na hora

Para o molho wasabi

1 colher de sopa de pasta de *wasabi*
7 colheres de sopa de iogurte natural

1 Preaqueça o forno a 200ºC (180ºC para fornos de convecção). Misture a cebola com uma colher de sopa de azeite em uma assadeira e deixe assar por 35 minutos.
2 Aqueça uma chapa antiaderente até fica bem quente. Ponha o filé e sele por 4 a 5 minutos ou a gosto. Retire do fogo e deixe descansar por 5 minutos.
3 Enquanto isso, misture a cebola assada com a lentilha, com o agrião e o resto do azeite. Tempere com pimenta a gosto. Divida igualmente em pratos.
4 Misture a pasta de *wasabi* com o iogurte. Fatie o bife bem fino e espalhe sobre a salada. Cubra com o molho *wasabi* e sirva.

Carne magra é boa fonte de ferro e zinco. Deixe sempre o bife descansar antes de cortá-lo. Assim seu caldo será reabsorvido e ele ficará mais suculento.

Torta de chilli com carne

Rendimento: 4 a 6 porções

1 colher de sopa de azeite de oliva
1 cebola sem casca e cortada em cubinhos
1 dente de alho, sem casca e amassado
250 g de carne moída
2 pimentas malaguetas sem caroços bem picadinhas
1 colher de chá de cominho
1 colher de sopa de tapenade de pimentão vermelho
400 g de tomates picados
300 ml de caldo de legumes
100 g de lentilhas
1 lata de 400 g de feijão-roxinho (também pode usar o preto) lavado e escorrido
15 g de chocolate picado grosseiramente
Pimenta-do-reino moída na hora

Para o purê

900 g de batatas sem casca
3 colheres de sopa de leite semidesnatado quente
1 colher de chá de cúrcuma
2 colheres de sopa de coentro picado

1 Aqueça o azeite numa panela grande, ponha a cebola e o alho e cozinhe por 5 minutos. Aumente o fogo, coloque a carne e cozinhe, mexendo por 3 minutos até dourar. Ponha as pimentas-malaguetas o cominho e cozinhe por 1 minuto.
2 Adicione o tapenade, os tomates picados, o caldo, a lentilha e o feijão e deixe ferver. Cozinhe em fogo brando por 25 a 30 minutos. Coloque o chocolate e tempere com pimenta-do-reino.
3 Enquanto isso, para o purê, corte as batatas em pedaços iguais e cozinhe-as. Quando estiverem macias, escorra a água. Coloque-as de volta na panela e amasse-as em fogo médio adicionando aos poucos o leite, mexendo sempre e adicionando o coentro e a cúrcuma. Tempere a gosto.
4 Preaqueça o grill. Coloque a carne moída num refratário e, por cima, espalhe o purê. Leve ao grill por 5 minutos ou até gratinar.

Você pode preparar este chilli tão apimentado o quanto você quiser. Usei menos carne e mais lentilha e feijão do que o normal. A batata gratinada por cima fica bem diferente do arroz cozido.

Almôndegas de carne de porco com molho *goulash* defumado

Rendimento: 4 porções

350 g de carne moída de porco
100 g de cenouras sem casca e raladas
Raspas finas de 2 limões
50 g de tomates secos em cubos
2 colheres de sopa de cebolinha
75 g de farelo de pão
1 clara média
Pimenta-do-reino moída na hora

Para o molho goulash defumado

1 colher de sopa de azeite de oliva
2 berinjelas aparadas e picadas
2 colheres de sopa de páprica defumada
350 g de molho de tomate fresco
200 ml de vinho tinto

1 Preaqueça o forno a 200ºC (180ºC para fornos de convecção). Em uma bacia, misture bem a carne moída de porco com a cenoura, as raspas de limão, os tomates secos, as cebolinhas, o farelo e um pouco de pimenta. Adicione uma clara de ovo para dar liga e faça 12 almôndegas. Coloque numa assadeira antiaderente e asse por 20 minutos.

2 Enquanto isso, prepare o molho. Aqueça o azeite numa frigideira e frite as berinjelas por 5 minutos, adicione a páprica e cozinhe por 30 segundos. Misture o molho de tomate e o vinho tinto, ferva, abaixe o fogo e deixe cozinhando por 5 minutos.

3 Sirva as almôndegas com o molho *goulash*.

Faça suas próprias almôndegas. Prepare-as com legumes frescos e sirva com um molho delicioso para uma refeição garantidamente satisfatória e saudável.

Carne de porco com ameixas ao estilo tagine

Rendimento: 4 porções

450 g de filé mignon de porco, limpo
2 colheres de sopa de pasta harissa[2]
1 colher de sopa de azeite de oliva
450 ml de caldo de legumes
1 cebola sem casca em fatias finas
Raspas e suco de 1 laranja
4 cenouras sem pele cortadas em pedaços na diagonal
175 g de ameixas secas
1 canela em pau
2 colheres de sopa de folhas de coentro picadas
Pimenta-do-reino moída na hora

1 Corte a carne em pedaços de 1 cm de espessura e coloque numa bacia. Adicione a pasta de harissa e misture bem para cobrir os pedaços por inteiro.
2 Aqueça o azeite em uma panela rasa grande, ponha a carne e frite dos dois lados por 1 minuto até corar. Retire e reserve.
3 Coloque quatro colheres de sopa de caldo e a cebola numa panela, cubra e deixe fritar no vapor em fogo médio por 5 minutos, mexendo de vez em quando, até dourar e amolecer.
4 Misture o suco e as raspas de laranja com o restante do caldo. Volte com o porco à panela e junte as cenouras, as ameixas e o pau de canela. Ferva, abaixe o fogo e deixe em fogo brando por 15 a 20 minutos.
5 Tempere a gosto com pimenta-do-reino e espalhe o coentro por cima. Sirva o tagine com arroz basmati ou couscous.

Cenouras e ameixas dão a este prato de estilo marroquino um toque adocicado. Cenouras são ricas em betacaroteno, enquanto as ameixas são boa fonte de potássio, ferro e fibras.

[2] Condimento picante, feito com uma mistura de pimenta-malagueta, azeite, coentro, alho, cominho e sal. (N.R.)

Carne de porco ao curry vermelho tailandês com vagens

Rendimento: 4 porções

2 colheres de sopa de azeite de oliva
1 cebola roxa sem pele e picada
225 g de filé mignon de porco
2 colheres de sopa de pasta de curry vermelho tailandês
1 caixa de 500 g de purê de tomates
1 colher de sopa de açúcar
350 g de vagens sem as pontas
Pimenta-do-reino moída na hora
Coentro ou folhas pequenas de manjericão para guarnecer

1 Aqueça o azeite numa panela rasa grande, ponha a cebola e cozinhe por 10 minutos até dourar e amaciar.
2 Enquanto isso, corte a carne em pedaços de aproximadamente 5 mm de espessura. Aumente o fogo para alto e frite por 2 minutos, mexendo sempre até dourar por inteiro.
3 Junte o curry e cozinhe por 1 minuto. Adicione o purê de tomates e o açúcar e mexa bem. Deixe ferver, abaixe o fogo e deixe cozinhando por 8 minutos.
4 Enquanto isso, escalde a vagem em água fervente por 1 minuto, escorra e refresque em água fria. Escorra novamente e corte em pequenos pedaços. Misture a vagem ao curry e cozinhe por mais 1 minuto.
5 Tempere com pimenta a gosto. Espalhe o coentro ou o manjericão sobre o curry e sirva acompanhado de arroz aromático tailandês e iogurte se preferir.

Para este curry aromático simples, a carne magra de porco é temperada com pasta de curry vermelho tailandês e cozida em purê de tomate com vagem. Sirva com arroz aromático tailandês e uma boa colherada de iogurte natural.

Estes espetinhos de carne magra de porco são servidos com uma salada de pimentões assados e rúcula, com um molho picante de dar água na boca. Pimentões vermelhos são uma das melhores fontes de vitamina C.

Kaftas de carne de porco com salada de pimentões assados

Ilustração nas páginas anteriores

Rendimento: 4 porções

3 pimentões vermelhos grandes sem sementes e cortados ao meio
2 colheres de sopa de azeite de oliva
1 cebola sem casca picadinha
1 colher de sopa de pimenta-caiena
2 colheres de sopa de cominho moído
450 g de carne moída magra de porco
1 clara
½ punhado de salsa picada
Pimenta-do-reino moída na hora

Para o molho

200 g de coalhada fresca
1 dente de alho amassado sem pele
50 g de azeitonas pretas e verdes sem caroço e picadas
½ punhado de salsa picada
Suco de limão

1 Preaqueça o forno a 200ºC (180ºC para fornos de convecção). Corte cada metade de pimentão em quatro tiras. Coloque numa assadeira, regue com azeite e leve ao forno para assar por 35 a 40 minutos até amolecer e ficar levemente queimado.

2 Enquanto isso, aqueça o restante do azeite numa panela. Coloque a cebola e cozinhe por 5 a 6 minutos até amolecer. Adicione os condimentos e cozinhe por mais 1 minuto. Transfira para uma bacia e deixe esfriar por 5 minutos. Junte a carne de porco moída, a clara, a salsa e bastante pimenta-do-reino. Misture bem.

3 Pré-aqueça o grill. Faça as kaftas com a mistura de carne moída e, nelas, ponha os espetinhos de bambu. Leve ao grill, deixando por 6 minutos, virando de vez em quando até cozinhar por completo.

4 Enquanto isso, ponha os ingredientes do molho numa bacia, tempere com pimenta. Misture os pimentões assados com a rúcula e divida igualmente em quatro pratos. Ponha as kaftas por cima, regue com o molho e sirva.

massas e arroz **saudáveis**

Tagliatelle com tomates assados e molho de azeitonas

Rendimento: 4 porções
250 g de tomates-cereja
250 g de tomates-ameixa
175 g de azeitonas pretas sem caroço e fatiadas
1 pitada de açúcar
2 colheres de sopa de azeite de oliva
350 g de *tagliatelle*
2 colheres de sopa de salsa picada
Pimenta-do-reino moída na hora

1 Preaqueça o forno a 200ºC (180ºC para fornos de convecção). Coloque os tomates em uma assadeira. Junte as azeitonas, o açúcar, o azeite e bastante pimenta. Misture bem e asse por 20 a 25 minutos.
2 Dez minutos antes de os tomates ficarem prontos, comece a fazer o macarrão em uma panela grande, *al dente*.
3 Escorra a massa bem e misture com o molho de tomate, a salsa picada e todo o molho da panela. Sirva de imediato.

Sempre versáteis, massas são um alimento altamente energético – com alto teor dos benéficos carboidratos, baixo teor de gorduras, além de ser ótima fonte de proteína – e não engorda, dependendo do molho que você usa.

Farfalle com abóbora butternut assada

Rendimento: 4 porções

1 abóbora *butternut* sem casca, sem caroço, cortada ao meio
2 cebolas roxas grandes sem casca, cortada em pedaços finos
2 colheres de sopa de azeite de oliva
350 g de farfalle (ou outra massa)
50 g de pinoli levemente torrados
50 gramas de rúcula
Pimenta-do-reino moída na hora
Vinagre balsâmico

1 Preaqueça o forno a 200ºC (180ºC para fornos de convecção). Corte a abóbora *butternut* em pedaços de aproximadamente 2,5 cm e coloque-os numa assadeira com as cebolas. Regue com o azeite e tempere com a pimenta. Asse por 40 a 45 minutos até os legumes amaciarem e ficarem levemente caramelizados.
2 Mais ou menos 10 minutos antes de terminar de assar, prepare a massa *al dente* de acordo com as instruções da embalagem.
3 Escorra a massa, reservando duas colheres de sopa da água do cozimento e ponha de volta na panela. Ponha os legumes na água reservada, misture bem e tempere com bastante pimenta. Sirva em pratos mornos depois de regar com o vinagre balsâmico.

Abóbora *butternut* assada e cebolas roxas são combinadas com rúcula, massa e pinoli, proporcionando uma refeição simples e fantástica. Outras abóboras, assim como a *butternut*, são ótimas fontes de vitamina A.

Rigatoni apimentado com talos de brócolis

Rendimento: 4 porções
350 g de rigatoni ou penne
350 g de brócolis com talos compridos cortados ao longo
2 pimentas-malaguetas sem sementes e picadas em pequenos pedaços
Suco de limão
2 colheres de sopa de azeite de oliva extravirgem
Pimenta-do-reino moída na hora

1 Prepare a massa *al dente*.
2 Enquanto isso, cozinhe o brócolis no vapor por 4 minutos até ficar também *al dente*.
3 Escorra a massa e misture com o brócolis, a pimenta-malagueta, o suco de limão e o azeite extravirgem. Espalhe bastante pimenta por cima e sirva imediatamente.

O brócolis é uma excelente fonte de vitamina C e de antioxidantes que ajudam a reduzir o risco de alguns tipos de câncer.

Penne assado com hadoque e limão

Rendimento: 4 porções
300 g de penne ou outra massa
250 g de brócolis
450 g de filé de hadoque defumado
450 g de leite semidesnatado
25 g de manteiga
1 colher de sopa de farinha de trigo
Raspas e suco de ½ limão
40 g de queijo cheddar ralado
5 colheres de sopa de farelo de pão
Pimenta-do-reino moída na hora

1 Preaqueça o forno a 200°C (180°C para fornos de convecção). Prepare a massa *al dente* de acordo com as instruções da embalagem. Escalde o brócolis em água fervente por 2 minutos, escorra e refresque em água fria.
2 Ponha os filés de hadoque numa panela rasa, regue com o leite e cubra com papel manteiga. Cozinhe em fogo brando e escalde levemente por 3 a 4 minutos. Leve o hadoque a um prato, separando o leite.
3 Derreta a manteiga numa panela pequena, misture a farinha e cozinhe em fogo baixo por 2 minutos. Adicione aos poucos o leite e cozinhe por 5 minutos. Adicione as raspas e o suco de limão e tempere com pimenta a gosto.
4 Escorra a massa assim que estiver pronta. Corte o hadoque em pedaços pequenos e misture com a massa e o brócolis. Leve a um refratário e regue com o molho.
5 Misture o queijo com o farelo e espalhe sobre a massa. Leve ao forno e asse por 10 minutos ou até borbulhar e dourar. Sirva imediatamente acompanhado de uma salada de tomate.

Pedaços suculentos de hadoque defumado, penne e brócolis são assados com um molho cremoso de limão, por baixo de uma cobertura crocante de queijo e farelos de pão.

Macarrão com salsicha e feijão de Boston[3]

Rendimento: 4 porções

4 salsichas de boa qualidade
175 g de macarrão
1 caixa de 500 g de extrato de tomate
40 gramas de açúcar mascavo
3 colheres de sopa de ketchup
3 colheres de sopa de vinagre de vinho branco
Molho inglês
1 lata de 400 g de feijão carioquinha (ou rajado) sem líquido
1 lata de 400 g de feijão comum sem líquido
Um bom punhado de folhas de rúcula
40 g de queijo cheddar cortado em lâminas
Pimenta-do-reino moída na hora

1 Preaqueça o forno a 200ºC (180ºC para fornos de convecção). Preaqueça também a grelha. Grelhe as salsichas por 12 a 15 minutos, virando sempre até ficarem coradas e cozidas.
2 Prepare o macarrão *al dente*.
3 Enquanto isso, em uma panela, junte o extrato de tomate, o açúcar, o ketchup, o vinagre, e o molho inglês. Misture tudo, adicione os dois tipos de feijão e cozinhe em fogo brando por 10 minutos.
4 Escorra o macarrão e junte com o feijão. Corte as salsichas em quatro pedaços e ponha na mistura de feijão e tempere a gosto. Leve a um refratário e ao forno por 8 a 10 minutos até ficar bem quente. Espalhe as folhas de rúcula e as lâminas de queijo.

Certifique-se de usar salsichas de boa qualidade para este prato tipicamente americano, uma vez que elas são menos gordurosas e mais saborosas.

[3] Feijão de Boston ou Feijoada à moda de Boston – alimento do tempo dos pioneiros norte-americanos –, é considerado prato nacional tanto nos Estados Unidos como no Canadá. (N.R.)

Massa com pesto de ervilha, ricota e presunto defumado

Rendimento: 4 porções

350 g de macarrão parafuso
225 g de ervilhas congeladas
5 colheres de sopa de folhas de manjericão
125 g de ricota
2 colheres de chá de suco de limão
1 dente de alho amassado sem casca
4 a 6 fatias de presunto defumado cortadas em tiras
Pimenta-do-reino moída na hora
Folhas de manjericão para guarnecer

1 Prepare a massa *al dente*.
2 Enquanto isso, cozinhe a ervilha em água fervente por 3 minutos e reserve, guardando 125 ml do líquido.
3 Ponha a ervilha e o líquido num processador, junte o manjericão, a ricota, o suco de limão e o alho e bata até atingir consistência homogênea. Tempere com pimenta a gosto. Transfira o pesto para uma panela e aqueça levemente.
4 Escorra a massa e misture com o pesto. Divida em tigelas mornas e espalhe por cima as tiras de presunto. Guarneça com as folhas de manjericão e sirva.

Ervilhas são um *must* no freezer, uma vez que são um útil *stand by*, além de serem fontes de vitamina C, a qual ajuda o organismo a absorver ferro.

O arroz vermelho é originário da região de Camargue, no Sul da França. Tem ótimo sabor, textura crocante e cor diferenciada. Pimentões são ótimas fontes de betacaroteno e forma vitamina A, que ajuda a reduzir o risco de algumas formas de câncer e de doenças cardíacas.

Jambalaia

Ilustração nas páginas anteriores

Rendimento: 4 porções

2 filés de peito de frango sem pele, cada um com aproximadamente 150 g
1 pimentão amarelo, 1 vermelho e 1 laranja
350 g de arroz vermelho
1 pacote de 80 g de linguiça calabresa fatiada
1 colher de sopa de azeite de oliva
1 cebola roxa, sem casca, cortada em 8 pedaços
2 dentes de alho amassados sem casca
1 ½ colher de chá de páprica defumada
1 pitada de cravo moído
3 folhas de louro
1 lata de 400 g de tomates picados
200 ml de caldo de legumes
Pimenta-do-reino moída na hora

1 Corte os peitos de frango em pedaços de aproximadamente 2,5 cm. Corte os pimentões ao meio e tire suas sementes e seus interiores, pique-os em pedaços pequenos. Cozinhe o arroz de acordo com as instruções na embalagem.
2 Enquanto isso, aqueça uma panela rasa grande. Ponha as fatias de calabresa e frite-as por 30 segundos até dourarem. Retire do fogo e reserve. Na mesma panela, ponha os pedaços de frango e frite por 10 minutos até dourarem por completo. Retire e seque com papel-toalha.
3 Coloque o azeite na panela, depois as cebolas e os pimentões e deixe cozinhar por 5 minutos até dourarem levemente. Misture o alho, a páprica, o cravo e as folhas de louro. Cozinhe por 1 minuto.
4 Acrescente arroz cozido e escorrido, a linguiça calabresa e o frango. Adicione os tomates e o caldo e deixe ferver. Cozinhe em fogo brando por 8 a 10 minutos até secar quase todo do líquido. Tempere a gosto e sirva.

Risoto de frango assado e tomilho

Rendimento: 4 porções

25 g de cogumelos Porcini
4 filés de sobrecoxa sem pele
2 dentes de alho amassados sem casca
2 colheres de chá de folhas de tomilho e mais um pouco para guarnecer
1 colher de sopa de azeite de oliva
1 cebola grande, sem casca, picada
1 litro de caldo de legumes
350 g de arroz arbóreo
100 ml de vinho branco
Pimenta-do-reino moída na hora

1 Coloque os cogumelos numa bacia, cubra com água morna e deixe descansar por 30 minutos. Preaqueça o forno a 190ºC (170ºC para fornos de convecção).
2 Com uma faca pequena e bem afiada, faça talhos em diagonal através da carne dos filés. Neles, esfregue o alho e o tomilho e tempere com pimenta.
3 Aqueça o azeite numa panela (que possa ir ao forno) grande e rasa e cozinhe o frango por 2 a 3 minutos de cada lado até dourar. Tire do fogo e reserve.
4 Coloque na panela a cebola com um pouco do caldo e cozinhe por 5 minutos até amolecer. Misture o arroz e mexa sem parar por 1 minuto. Adicione os cogumelos secos e cozinhe por mais 1 minuto. Acrescente o vinho e cozinhe por mais 2 minutos até secar.
5 Coloque o resto do caldo e ferva. Tempere bem. Coloque os filés em cima do arroz. Cubra com uma tampa e leve ao forno por 20 a 25 minutos, até o arroz cozinhar e o caldo secar por completo. Espalhe por cima as folhas de tomilho e sirva.

Você não precisa mexer muito este risoto de frango de forno, porém o resultado é um prato saboroso, cremoso, rico em proteínas, carboidratos e livre de trigo.

Kedgeree de salmão e caranguejo

Rendimento: 4 porções
2 colheres de chá de azeite de oliva
1 cebola sem casca e picada
2 colheres de sopa de pasta de curry verde tailandês
2 colheres de sopa de chutney de manga
150 ml de vinho branco
350 g de arroz basmati enxaguado
350 g de filé de salmão sem escama e sem espinha
170 g de carne branca de caranguejo seca

Para a raita
200 g de iogurte natural
1 cenoura pequena sem pele e ralada
20 g de folhas de coentro picadas
Pimenta-do-reino moída na hora

1 Preaqueça o forno a 200ºC (180ºC para fornos de convecção). Aqueça o azeite numa panela. Coloque a cebola e deixe fritar no vapor por 10 minutos ou até amolecer e dourar. Acrescente a pasta de curry e o chutney de manga e cozinhe por 1 minuto. Coloque o vinho e o caldo e deixe cozinhar até evaporar e chegar a mais ou menos 250 ml.
2 Enquanto isso, cozinhe o arroz de acordo com as instruções da embalagem. Corte o salmão em oito tiras ao longo e ponha numa assadeira antiaderente. Asse no forno por 5 minutos até cozinhar.
3 Misture todos os ingredientes da raita numa bacia e tempere bem com pimenta-do-reino.
4 Seque o arroz e misture levemente com a mistura de curry e junte a carne de caranguejo com um garfo. Distribua em pratos, colocando por cima o salmão e sirva imediatamente com a raita de cenoura e coentro.

Este *kedgeree* diferente é surpreendentemente apimentado com pasta de curry verde tailandês. O caranguejo dá um sabor deliciosamente diferenciado, enquanto o salmão assado oferece uma atraente cobertura.

saladas e legumes **saudáveis**

Salada de macarrão e castanhas de caju

Rendimento: 4 porções

50 g de castanhas de caju
2 cenouras médias sem pele
2 ramos de coentro
2 colheres de sopa de molho de soja light
Suco de 1 laranja grande
3 dentes de alho amassados sem casca
2 colheres de sopa de óleo de semente de uva
250 g de macarrão (do tipo *noodles* de arroz)
1 maço de rabanetes fatiados
125 g de broto de feijão
Pimenta-do-reino moída na hora

1 Coloque as castanhas numa frigideira bem seca e torre-as por 3 minutos. Sacuda a frigideira de vez em quando para assegurar que doure por igual. Reserve para deixar esfriar.
2 Usando um descascador de legumes, raspe as cenouras, tirando lascas finas e reserve.
3 Reserve alguns ramos de coentro e coloque o resto num processador junto com as castanhas de caju, o molho de soja, o suco de laranja, o alho e o óleo de semente de uva. Bata bem até obter consistência homogênea. Tempere a gosto.
4 Misture a massa, as lascas de cenoura os rabanetes e o broto de feijão. Espalhe o molho por cima e mexa para o molho se espalhar bem. Espalhe o coentro reservado por cima e sirva.

O *noodles* de arroz é ótimo para aqueles em dieta sem trigo, além de ser de preparo super rápido. A castanha de caju fornece proteínas, minerais (especialmente magnésio) e algumas vitaminas do complexo B.

Tabule é uma salada originária do Oriente Médio, bastante aromática que leva trigo para quibe, suco de limão, bastante hortelã e salsa. Aqui ele é servido com tomates assados cobertos com harissa. Pinhões são ricos em ácidos graxos essenciais e fornecem proteínas, fazendo deste prato uma refeição completa para os vegetarianos.

Tomates com *harissa* e tabule

Ilustração nas páginas anteriores

Rendimento: 4 porções

225 g de trigo bulgur (ou trigo para quibes)
4 tomates cortados ao meio
2 colheres de sopa de pasta de harissa
2 colheres de sopa de azeite extravirgem e um pouco mais para regar
Suco de 1 limão
20 g de hortelã picada
20 g de salsa picada
75 g de pinoli torrados
Pimenta-do-reino moída na hora
Iogurte natural para servir

1 Preaqueça o forno a 220ºC (200ºC para fornos de convecção). Coloque o trigo numa bacia, cubra com água e deixe descansar por 30 minutos, até absorver toda a água.
2 Coloque os tomates com o lado cortado para cima em uma assadeira e neles passe a pasta de *harissa*. Asse no forno por 10 a 12 minutos ou até dar uma leve amolecida, sem deixar desmanchar.
3 Enquanto isso, misture o trigo com o azeite, o suco de limão, a hortelã picada e a salsa. Tempere a gosto.
4 Divida o tabule igualmente entre quatro pratos e coloque em cada um duas metades dos tomates. Espalhe os pinoli por cima e regue com um pouco de azeite extravirgem. Sirva com o iogurte.

Salada de batatinhas calabresas com trutas defumadas

Rendimento: 4 porções

750 g de batatas calabresas lavadas
1 colher de sopa de azeite de oliva
2 punhados grandes de alface-de-cordeiro
250 g de beterrabas baby cortadas ao meio
75 g de trutas defumadas em flocos
Pimenta-do-reino moída na hora

Para o molho

2 colheres de chá de mostarda integral
1 colher de chá de mostarda Dijon
4 colheres de sopa de coalhada fresca
Suco de meio limão
¼ de colher de chá de mel fino

1 Preaqueça o forno a 190ºC (170ºC para fornos de convecção). Misture as batatinhas calabresas com um pouco de pimenta e o azeite em uma assadeira. Asse por 45 minutos ou até amolecer.
2 Enquanto isso, faça o molho. Em uma bacia, misture os dois tipos de mostarda, a coalhada, o suco de limão, o mel e uma colher de sopa de água, mexendo até homogeneizar.
3 Divida a alface, a beterraba e a truta igualmente em pratos e coloque as batatas ainda quentes. Regue com o molho de mostarda e sirva.

Batatas são ricas em carboidatos complexos e contêm importantes quantidades de fibras, vitamina C, potássio e proteína. Alguns nutrientes estão concentrados debaixo da casca, por isso, apenas lave em vez de descascar.

Salada de batatas e ovos quentes

Rendimento: 4 porções

575 g de batatas calabresa
225 g de vagens sem as pontas e cortadas ao meio
250 g de tomates cereja cortados ao meio
4 ovos
2 molhos de mostarda branca cortados

Para o molho

2 colheres de chá de mostarda Dijon
1 colher de sopa de vinagre de vinho branco
1 chalota (ou echalote) sem casca e picada
1 dente de alho amassado sem casca
3 colheres de sopa de azeite extravirgem
Pimenta-do-reino moída na hora

1 Cozinhe as batatas por 20 minutos até ficarem macias.
2 Enquanto isso, prepare o molho. Misture a mostarda, o vinagre, a chalota (ou echalote), o alho e o azeite em uma bacia e tempere a gosto.
3 Escorra as batatas e junte-as ao molho. Reserve para esfriar por 5 minutos. Escalde a vagem em água fervente por 1 minuto, escorra e refresque em água fria. Escorra novamente, junte a vagem, os tomates e as batatas e misture bem.
4 Enquanto isso, ponha os ovos em uma panela com água fervente em quantidade suficiente apenas para cobri-los e cozinhe levemente por apenas 2 minutos. Ponha-os sob água fria e descasque-os cuidadosamente (lembre-se que a gema está mole e bem quente).
5 Para servir, divida a salada em tigelas, coloque um ovo em cada uma e espalhe a mostarda branca por cima.

Esta é uma adorável combinação de ingredientes coloridos. Misturar as batatas ainda quentes ao molho de mostarda ajuda a encorpar os sabores.

Salada de melão, presunto e pimentões assados

Ilustração nas páginas anteriores

Rendimento: 4 porções

3 pimentões laranjas grandes
2 colheres de sopa de azeite de oliva
1 melão cantalupo ou galia pequeno
100 g de folhas de rúcula
125 g de presunto cozido em fatias bem finas
50 g de queijo pecorino (de leite de ovelha) triturado
Azeite extravirgem
Pimenta-do-reino moída na hora

1 Preaqueça o forno a 220ºC (200ºC para fornos de convecção). Divida os pimentões em quatro pedaços, tire os miolos e as sementes e leve a uma assadeira. Regue com azeite e asse por 20 a 25 minutos. Reserve para esfriar.
2 Corte o melão ao meio, retire suas sementes e corte cada metade em quatro fatias.
3 Arrume a rúcula nos pratos, colocando o melão, o presunto e o pimentão por cima. Espalhe o queijo e finalize com um pouco de azeite e bastante pimenta.

Esta é uma salada colorida feita com um suculento melão maduro, pimentões assados, presunto cozido, queijo pecorino e folhas de rúcula. O pecorino é um tipo de queijo italiano, feito com leite de cabra, rico em proteína e cálcio.

Rosti de legumes com ovos

Rendimento: 4 porções
450 g de batatas inglesas sem casca
2 colheres de sopa de azeite de oliva
2 alhos-porós aparados e picados
2 cenouras sem casca raladas
4 ovos pequenos ou médios
1 colher de sopa de salsa picada
Pimenta-do-reino moída na hora

1 Rale as batatas e esprema para tirar o máximo de líquido possível, depois seque com papel-toalha. Preaqueça o grill.
2 Aqueça o azeite em uma frigideira de aproximadamente 23 a 25 cm (que possa ir ao grill). Coloque o alho-poró e cozinhe por 2 minutos, sem parar de mexer. Junte a cenoura e a batata ralada e espalhe a mistura em torno da frigideira. Frite em fogo médio por 10 minutos até dourar e ficar crocante por baixo.
3 Leve a frigideira ao grill e cozinhe por 5 minutos até dourar por cima. Tire do grill e abra quatro espaços na superfície do rosti.
4 Quebre os ovos no meio desses espaços, salpique com pimenta-do-reino e espalhe a salsa por cima. Cubra e leve de volta ao fogo médio e cozinhe por 4 a 5 minutos até os ovos cozinharem a gosto. Sirva imediatamente.

Um rosti de legumes com ovos (que são ricos em proteínas), proporciona uma refeição saudável e apetitosa. Compre sempre ovos orgânicos ou caipiras para dar sabor e qualidade.

Salteado de macarrão e repolho branco

Rendimento: 4 porções

250 g de macarrão (do tipo noodles de ovos)
2 colheres de sopa de óleo de amendoim
250 g de cogumelos castanhos pequenos cortados ao meio (ou em 4 pedaços se forem grandes o bastante)
2 dentes de alho amassados sem casca
2 pimentas malaguetas vermelhas sem sementes e picadas
3 repolhos brancos picados
2 colheres de sopa de molho de soja
2 colheres de sopa de molho de pimenta
Pimenta-do-reino moída na hora
Ramos de coentro para guarnecer

1 Prepare o macarrão de acordo com as instruções da embalagem.
2 Ao mesmo tempo, prepare o salteado. Aqueça o óleo de amendoim numa wok ou frigideira grande convencional antiaderente. Coloque os cogumelos e o alho e salteie por 1 a 2 minutos. Adicione as pimentas picadas e cozinhe por mais 30 segundos. Acrescente o repolho e salteie por 1 minuto.
3 Misture o macarrão, o molho de soja e o molho de pimenta e tempere com pimenta-do-reino a gosto. Aqueça por 1 minuto ou até o macarrão ficar bem quente. Divida em tigelas quentes, guarneça com coentro e sirva de imediato.

Saltear é uma das maneiras mais saudáveis de se preparar legumes, já que preserva a vitamina C (a menos estável de todas as vitaminas) contida nos mesmos.

Empadão de legumes assados do Mediterrâneo

Ilustração nas páginas anteriores

Rendimento: 6 porções

1 berinjela
2 abobrinhas sem as pontas
2 pimentões vermelhos sem sementes cortados ao meio
1 cebola roxa pequena sem casca
150 g de tomates-cereja
2 colheres de sopa de azeite de oliva
½ pacote de 500 gramas de mistura de massa para pão ciabatta
50 g de azeitonas pretas sem caroço e picadas
125 g de queijo feta triturado
Um punhado pequeno de folhas de manjericão picadas
Pimenta-do-reino moída na hora

1 Preaqueça o forno a 220ºC (200 para fornos de convecção). Pique a berinjela, as abobrinhas, os pimentões e a cebola em pedaços de aproximadamente 1 cm e coloque-os em uma assadeira, junto com os tomates, formando uma camada de legumes. Regue com o azeite e asse por 25 a 30 minutos.
2 Enquanto isso, prepare a massa para ciabatta de acordo com as instruções da embalagem, usando metade da água sugerida na mesma, adicionando as azeitonas pretas no momento em que você sova a massa. Reserve.
3 Transfira os legumes assados para um tabuleiro antiaderente ou refratário de aproximadamente 23 cm de diâmetro. Estique a massa de pão um pouco maior do que o refratário ou tabuleiro e coloque por cima dos legumes. Aperte para a massa se assentar bem e aderir às laterais. Asse por 15 a 20 minutos.
4 Deixe esfriar por alguns minutos e desenforme, dando leves batidas no fundo do tabuleiro ou refratário para certificar-se de que todos os legumes saiam juntos. Espalhe o queijo feta e o manjericão por cima e corte em fatias para servir.

Esta torta impressionante é fácil de se fazer usando massa para ciabatta. Os legumes assados são colocados debaixo da massa, que depois é desenformada e coberta com feta. Este é um queijo de cordeiro ideal para quem tem intolerância à proteína do leite de vaca.

Risi de abóbora e cevada

Rendimento: 4 porções

125 g de cevada pérola lavada
1 abóbora *butternut* grande sem casca e sem sementes
2 colheres de sopa de azeite de oliva
2 alhos-porós grandes aparados em fatias bem finas
1 dente de alho sem casca amassado
2 folhas de louro
2 tiras grandes de casca de laranja
1,2 litro de caldo de legumes
4 colheres de sopa de salsa picada
Pimenta-do-reino moída na hora
Queijo parmesão ralado para servir

1 Cubra a cevada com água e deixe descansar por 30 minutos. Preaqueça o forno a 200° C (180° C para fornos de convecção).
2 Corte a abóbora em pedaços de aproximadamente 2,5 cm e coloque em uma assadeira. Regue com uma colher de sopa de azeite e tempere com pimenta. Asse por 35 a 40 minutos até ficar macia e levemente caramelizada.
3 Enquanto isso, aqueça o restante do azeite em uma panela grande. Coloque o alho-poró e o dente de alho e cozinhe no vapor por 5 minutos até amolecer. Escorra a cevada e junte com o refogado de alho, acrescentando as folhas de louro, a casca de laranja e o caldo de legumes. Ferva e cozinhe em fogo brando por 30 minutos ou até a cevada amolecer.
4 Junte a salsa ao risi e tempere com pimenta-do-reino a gosto. Sirva em tigelas mornas ou pratos de sopa, colocando por cima a abóbora e o queijo parmesão.

A cevada é um grão interessante: desprezado, possui textura crocante, é de fácil digestão e altamente nutritivo. É boa fonte de fibras, cálcio e proteína. Vai bem com abóbora assada.

Curry de legumes e coco

Rendimento: 4 porções

2 colheres de sopa de azeite de oliva
1 cebola sem casca bem picada
2 ½ colheres de sopa de curry verde tailandês
3 batatas doces médias sem casca
2 vidros pequenos de leite de coco com baixo teor de gordura
1 canela em pau
Um pacote de 150 g de tofu marinado
200 g de ervilhas
2 colheres de sopa de folhas de coentro picadas

1 Aqueça o azeite em uma panela. Coloque a cebola e frite no vapor por 5 minutos. Adicione a pasta de curry e cozinhe por 1 minuto.
2 Enquanto isso, corte as batatas em pedaços de 2,5 cm, e coloque na panela com a cebola, mexendo bem para envolvê-las por completo. Acrescente o leite de coco, 150 ml de água e a canela em pau. Ferva e deixe cozinhar em fogo brando por 20 minutos.
3 Adicione o tofu e as ervilhas e cozinhe por mais 3 minutos. Espalhe o coentro por cima e sirva com arroz tailandês.

Este curry vegetariano é de preparo rápido e tem uma maravilhosa textura cremosa. Tofu é uma importante fonte de proteína de alta qualidade para os vegetarianos. Também fornece cálcio, vitaminas B e E, minerais e antioxidantes.

sobremesas **saudáveis**

Gelatina de frutas com licor de flor de sambuco

Rendimento: 4 porções

7 colheres de sopa de licor de flor de sambuco e um pouco mais para regar
1 sachê de 11 g gelatina em pó
100 g de framboesas
100 g de mirtilos (ou uvas-do-monte)

1 Dilua o licor em 600 ml de água gelada. Coloque 4 colheres de sopa em uma panela pequena, ponha a gelatina e reserve por 10 minutos.
2 Divida as framboesas e os mirtilos igualmente em copos de vinho ou *tumbler*.
3 Coloque a panela com a gelatina para aquecer levemente e mexa até dissolver toda a gelatina. Não aqueça demais. Vá adicionando o licor aos poucos mexendo sempre em fogo baixo.
4 Coloque a gelatina líquida nos copos e leve ao congelador por 3 horas ou até endurecer. Quando servir, regue com um pouco de licor.

Esta refrescante gelatina, feita com frutas silvestres, é uma deliciosa forma de saborear uma de suas cinco porções de frutas e verduras por dia. Framboesas são especialmente boas fontes de vitamina C.

Bolo cítrico de amêndoas com molho de frutas

Rendimento: 4 porções

1 laranja grande lavada e cortada em 4
Óleo para untar
Farinha de trigo para polvilhar
3 ovos batidos
50 g de amêndoas moídas
75 g de polenta instantânea
½ colher de chá de fermento em pó
125 g de açúcar de confeiteiro
Raspas e suco de 1 limão
Açúcar cristal para polvilhar

Para a molho de frutas

2 kiwis sem pele
1 manga pequena, madura, sem casca e sem caroço
1 nectarina, cortada ao meio, sem caroço
Raspas e suco de ½ limão

1 Ponha a laranja em uma panela, cubra com água e ferva. Abaixe o fogo e deixe cozinhar em fogo brando por 25 a 30 minutos.

2 Preaqueça o forno a 190°C (170°C para fornos de convecção). Unte um tabuleiro redondo de aproximadamente 18 a 20 cm com óleo e polvilhe com a farinha.

3 Retire a laranja e pique bem. Descarte os caroços. Coloque a laranja ainda morna em um processador e bata até homogeneizar bem. Junte os ovos, as amêndoas, a polenta, o fermento, o açúcar e as raspas de limão e bata novamente para misturar.

4 Despeje a mistura no tabuleiro e asse por 25 a 30 minutos até ficar firme. Deixe esfriar e usando um garfo, faça furos na massa e regue com o suco de limão.

5 Para o molho de frutas, pique as frutas e misture-as com o suco e com as raspas de lima. Polvilhe o bolo com o açúcar cristal. Corte em fatias e sirva com o molho.

Travessa de salada de frutas com farelos de biscoitos italianos

Rendimento: 4 porções
1 melão galia pequeno
1 manga grande madura
2 kiwis grandes sem pele
2 nectarinas sem caroço cortadas ao meio
225 g de morangos
100 g de biscoito italiano (biscotti)
Suco de 1 laranja

1 Corte o melão ao meio, retire suas sementes e descasque. Depois corte em fatias grossas. Descasque a manga e corte em pedaços, tirando seu caroço. Corte as nectarinas e os kiwis em quatro pedaços.
2 Arrume as frutas em uma travessa grande. Cubra com papel filme e leve ao refrigerador até a hora de servir. Ponha o biscoito em um saco plástico resistente e triture usando um rolo.
3 Quando for servir, esprema o suco de laranja sobre as frutas geladas e espalhe biscoito por cima. Sirva imediatamente.

Uma forma divertida de saborear uma de suas cinco porções diárias de frutas. Morangos são uma fonte excepcional de vitamina C e são ricos em pectina: uma fibra solúvel que ajuda a reduzir os níveis de colesterol no organismo.

Peras cozidas em suco de maçã e oxicoco

Rendimento: 4 porções
4 peras Williams maduras
300 ml de suco de oxicoco
250 ml de suco de maçã
Raspas e suco de 1 laranja sem casca
4 cravos
1 canela em pau
1 ramo de alecrim
50 g de açúcar

1 Descasque as peras, preservando os cabos. Misture as raspas e o suco de laranja, os cravos, a canela em pau, o alecrim e o açúcar em uma panela grande e aqueça levemente até dissolver todo o açúcar.
2 Mergulhe as peras no caldo e deixe ferver. Cubra com papel manteiga e abaixe o fogo. Deixe cozinhar por 30 a 40 minutos até as peras ficarem macias.
3 Sirva as peras quentes ou frias, regando com o caldo. Acrescente uma colherada de *fromage frais*[4] e um pouco de suspiro moído, se for de seu gosto.

Quando bem maduras, as peras tem um sabor sublime e delicado – aqui realçado ao serem cozidas em suco de frutas com alecrim e outros temperos.

[4] Tipo de queijo cremoso com baixo teor de gordura. Pode ser substituído por creme de leite light. (N.R.)

Musse de chocolate e ameixas

Ilustrações nas páginas anteriores

Rendimento: 4 a 6 porções

100 g de chocolate vegan, sem adição de lactose (preferencialmente belga)
175 g de ameixas secas
2 colheres de sopa de Brandy (opcional)
3 claras de ovos
1 colher de sopa de açúcar de confeiteiro
Cacau em pó para polvilhar

1 Quebre o chocolate e derreta-o em banho-maria, sem parar de mexer. Deixe esfriar levemente.
2 Coloque as ameixas em uma panela e cubra com 150 ml de água. Cozinhe em fogo brando mexendo de vez em quando até ficarem bem macias. Transfira as ameixas com todo o líquido que estiver na panela para um liquidificador ou processador e junte o Brandy (se estiver usando). Bata até se transformar num purê.
3 Bata as claras de ovos em neve e adicione o açúcar aos poucos.
4 Junte o chocolate ao purê de ameixas e bata. Acrescente uma colherada das claras em neve para suavizar a mistura e depois vá acrescentando, cuidadosamente, o resto.
5 Coloque a musse em pequenas taças ou copos e refrigere o quanto for necessário. Quando servir, polvilhe com chocolate em pó.

Ameixas secas são o ingrediente secreto nesta musse com baixas calorias. Como outras frutas secas, elas são altamente nutritivas e naturalmente doces. Por isso, usa-se pouco açúcar. Ameixas são ótimas fontes de potássio, magnésio, ferro e fibras, além de conterem antioxidantes benéficos à saúde.

Brownies de chocolate e passas

Rendimento: 9 porções

150 g de requeijão com baixo teor de gordura
140 g de açúcar mascavo
40 g de chocolate em pó peneirado
2 claras de ovos
1 colher de chá de extrato de baunilha
1 colher de sopa de leite semidesnatado
50 g de farinha de trigo
½ colher de chá de fermento
75 g de passas
Açúcar cristal para polvilhar

1 Preaqueça o forno a 180ºC (160ºC para fornos de convecção). Forre um tabuleiro de aproximadamente 15 cm com papel-manteiga.
2 Em uma bacia grande, misture o requeijão com o açúcar mascavo. Adicione o cacau em pó, as claras de ovos, o extrato de baunilha e o leite. Bata bem até obter uma mistura homogênea.
3 Acrescente a farinha e o fermento à mistura e mexa adicionando também as passas. Coloque a mistura no tabuleiro e asse por 25 minutos até ficar macio ao toque.
4 Retire do forno e deixe esfriar no próprio tabuleiro. Corte em nove quadrados e polvilhe com açúcar cristal quando servir.

Requeijão com baixo teor de gordura e passas naturalmente doces fazem esses brownies ficarem bem suculentos. Ficam ainda melhores se consumidos no dia em que forem preparados, seja como sobremesa com iogurte ou como simples guloseima.

Torta folheada de damascos e maçãs

Rendimento: 4 porções
4 maçãs pequenas
175 g de damascos secos fatiados
40 g de açúcar mascavo ou açúcar marrom
½ colher de chá de canela em pó
Raspas de 1 limão
Suco de limão
6 folhas grandes de massa filo
2 colheres de sopa de leite
15 g de manteiga derretida
4 colheres de sopa de mel fino

1 Preaqueça o forno a 190°C (170°C para fornos de convecção). Misture as maçãs, os damascos secos, o açúcar mascavo, a canela, as raspas de limão e o suco em uma bacia e reserve.
2 Dobre uma folha de massa de filo ao meio e coloque numa forma. Jogue um pouco de leite. Repita a operação. Espalhe metade da mistura de maçã e damasco sobre as folhas.
3 Cubra com mais duas folhas de filo dobradas, repetindo a mesma operação. Finalmente cubra com as duas últimas folhas de filo, desta vez espalhando manteiga derretida em vez de leite.
4 Com uma faca afiada, faça cortes na superfície da folha mais externa da torta. Asse no forno por 40 a 45 minutos até as maçãs cozinharem e a massa ficar dourada. Enquanto isso, numa panela aqueça o mel com quatro colheres de sopa de água e ferva em fogo brando por 3 minutos. Reserve para esfriar.
5 Espalhe o mel por cima da torta e leve de volta ao forno por 5 minutos até glacear. Deixe a torta esfriar antes de cortá-la. Sirva morna com *fromage frais* ou iogurte.

A massa filo tem menos gordura do que outras massas. Aqui ela envolve maçãs naturalmente doces, proporcionando uma torta leve e crocante.

Sobremesa de ameixas quentes

Rendimento: 4 porções

600 g de ameixas sem caroço e cortadas ao meio
Raspas e suco de 1 laranja
2 colheres de sopa de açúcar mascavo light e um pouco mais para salpicar
150 g de farinha de trigo
2 colheres de chá de fermento
1 colher de chá de canela em pó
40 g de açúcar de confeiteiro
3 colheres de sopa de leite
3 colheres de sopa de iogurte natural
1 ovo
15 g de manteiga derretida

1 Preaqueça o forno a 180ºC (160ºC para fornos de convecção). Arrume as ameixas em uma única camada, em uma forma. Regue com o suco de laranja e espalhe o açúcar mascavo por cima. Asse no forno por 15 minutos.
2 Enquanto isso, peneire a farinha, o fermento e a canela juntos em uma tigela e misture no açucar de confeiteiro. Deixe um buraco no centro da mistura,
3 Em uma outra tigela, misture o leite, o iogurte, o ovo e a manteiga derretida. Acrescente os ingredientes secos e a raspa de laranja e mexa para misturar até homogeneizar.
4 Retire as ameixas do forno e distribua a mistura em oito colheradas cheias sobre as mesmas para criar efeito de uma torta de frutas. Espalhe um pouco de açúcar mascavo.
5 Leve de volta ao forno e asse por mais 20 a 25 minutos ou até a cobertura de muffin dourar e cozinhar. Sirva morno com coalhada fresca e *fromage frais* ou creme de ovos.

Ameixas quentes aninham-se por baixo de um muffin aromatizado com canela nesta sobremesa que tem surpreendentemente baixo teor de calorias e alto teor de cálcio e fibras. A cobertura é uma mistura de farelo e bolo esponjoso.

Farelo doce de maçã e amora preta

Rendimento: 4 porções
250 g de amoras pretas
6 maçãs grandes
Para o farelo
175 g de farinha de trigo branca
25 g de manteiga gelada em cubos
50 g de açúcar demerara e um pouco mais para espalhar
2 colheres de sopa de sementes de abóbora
2 colheres de sopa de sementes de girassol
2 colheres de sopa de suco de laranja

1 Preaqueça o forno a 200°C (180°C para fornos de convecção). Corte as maçãs ao meio, tire suas sementes, pique-as e coloque-as em uma forma com as amoras.
2 Junte a farinha com a manteiga em uma bacia e misture até que se pareça com um farelo. Acrescente o açúcar, as sementes de abóbora e de girassol e o suco de laranja.
3 Espalhe o farelo sobre as frutas juntamente com um pouco mais de açúcar. Asse por 35 a 40 minutos até o farelo dourar e ficar crocante. Sirva com iogurte ou *fromage frais*.

Experimente outras combinações de frutas de acordo com suas épocas, tais como pêssegos e framboesas.

Frutas assadas com xarope de bordo (*Maple Syrup*)

Rendimento: 4 porções

3 nectarinas pequenas cortadas ao meio, sem caroço
3 peras maduras sem casca, cortadas em 4, e sem caroço
3 colheres de sopa de xarope de bordo (*Maple Syrup*)
3 colheres de sopa de vinho branco ou suco de maçã
4 figos frescos cortados ao meio
40 g de amêndoas em flocos

1 Preaqueça o forno a 200ºC (180ºC para fornos de convecção). Corte as nectarinas e as peras em pedaços grossos e coloque-as numa assadeira pequena.
2 Regue com o xarope de bordo e o vinho (ou suco de maçã) e misture para o liquido envolver completamente as frutas. Asse por 10 minutos.
3 Coloque os figos e regue com os sucos do cozimento das frutas. Espalhe os flocos de amêndoas e asse por mais 12 a 15 minutos até as frutas glacearem e as amêndoas dourarem. Sirva quente com iogurte ou *fromage frais*.

Nectarinas, figos frescos e peras são assados em xarope de bordo e vinho para mais uma interessante sobremesa de frutas.

Índice remissivo

A

Abacate 12
Frango com gergelim quente e salada de abacate 100
Abóbora butternut: Farfalle com abóbora butternut assada 132
Risi de abóbora e cevada 168
Abobrinhas: Salmão ao chilli com *pilaf* de abobrinha 78
Sopa de alho e abobrinha assada 48
Açúcar: 10
Alho: Bisque de mexilhões ao alho 50
Sopa de alho e abobrinha assada 48
Almôndegas de carne de porco com molho *goulash* defumado 120
Ameixa: Sobremesa de ameixas quentes 184
Ameixa seca: Carne de porco com ameixas ao estilo tagine 121
Compota de frutas quentes aromatizada com chá 25
Musse de chocolate e ameixas 180-181
Ragu de frango e ameixas 91
Amêndoas: Bolo cítrico de amêndoas com molho de frutas 174
Amora: Farelo doce de maçã e amora preta 187
Jambalaia 142-143
Kedgeree de salmão e caranguejo 145
Risoto de frango assado e tomilho 144
Salmão ao chilli com *pilaf* de abobrinha 78
Sushi de salmão 76
Assados em forno 18
Atum: Atum seco com vagem e manjericão 81
Batata assada recheada com anchovas e atum 80
Sanduíche de atum 38
Aveias 12
Biscoitos de baunilha com pedaços de pera 34
Filé de cavala assado com aveia ao molho de maçã 74
Azeitona: *Tagliatelle* com tomates assados e molho de azeitona 131

B

Bacalhau: Bacalhau empanado na mostarda com pimentões assados 66-67
Bacalhau no presunto de Parma com feijão e salada de rúcula 68
Banana 12
Pão matinal de banana 30
Smoothie de banana e manga 33
Wraps matinais tostados 24
Batatas
Atum seco com vagem e manjericão 81
Batata assada recheada com anchovas e atum 80
Frango assado com maçã e batatinhas calabresas 88
Hoki aromatizado com folhas de louro e limão 62
Rosti de legumes com ovos 160
Salada de batatas e ovos quentes 155
Salada de batatinhas calabresas com trutas defumadas 154
Sopa de peixe defumado 54-55
Sopa picante de batata doce e lentilha vermelha 44
Torta de chilli com carne 118
Tortilhas de hadoque defumado 70
Biscoitinhos crocantes de mirtilos e passas brancas 35
Biscoitos de baunilha com pedaços de pera 34
Blinis matinais 31
Brócolis: *Rigatoni* apimentado com talos de brócolis 135
Brownies de chocolate e passas 182

C

Camarão: Sopa de macarrão com camarão ácido e picante 56
Caranguejo: *Kedgeree* de salmão e caranguejo 145
Carnes: Carne com curry ao gengibre 115
Contrafilé com repolho branco salteado 116
Filé mignon com salada ao molho *wasabi* 117
Torta de chilli com carne 118
Cavala: Cavala na chapa com lentilhas e espinafre 75
Filé de cavala assado com aveia ao molho de maçã 74
Cevada: Risi de abóbora e cevada 168
Chá: Compota de frutas quentes aromatizada com chá 25
Cherivia: Ragu de cordeiro e cherivia 112
Chillies: *Rigatoni* apimentado com talos de brócolis 135
Salmão ao chilli com *pilaf* de abobrinha 78
Torta de chilli com carne 118
Chocolate: Brownies de chocolate e passas 182
Musse de chocolate e ameixas 180-181
Cítrico: Bolo cítrico de amêndoas com molho de frutas 174
Frango com tempero cítrico ao *tzatziki* 84
Cogumelos: Salteado de macarrão e repolho branco 162
Cordeiro: Bifes de cordeiro com beterraba e salada de espinafre 108
Ragu de cordeiro e cherivia 112
Couscous: Bacalhau empanado na mostarda com pimentões assados 66-67
Cozimento a vapor: 17
Curry: Carne com curry ao gengibre 115
Curry de legumes e coco 169
Korma de frango 95

D

Damasco: Muffins de damasco com xarope de bordo (*Maple Syrup*) 28-29
Pilaf aromático de peru 105
Torta folheada de damascos e maçãs 183
Defumados: Penne assado com hadoque e limão 136
Salada de batatinhas calabresas com trutas defumadas 154
Sopa de peixe defumado 54-55
Tortilhas de hadoque defumado 70

E

Empadão: Empadão de legumes assados do Mediterrâneo 166
Ervilhas: Massa com pesto de ervilha, ricota e presunto defumado 138
Sopa de manjericão e ervilhas com *bruschetta* de tomate 47
Espinafre: Bifes de cordeiro com beterraba e salada de espinafre 108
Cavala na chapa com lentilhas e espinafre 75

F

Farfalle com abóbora butternut assada 132
Favas: Tortilhas de hadoque defumado 70
Feijão
canelinni: Batata assada recheada com anchovas e atum 80
flageolet: Bacalhau no presunto de Parma com feijão e salada de rúcula 68
Macarrão com salsicha e feijão de

Boston 137
manteiga: Bifes de cordeiro com beterraba e salada de espinafre 108
Húmus de feijão-manteiga 36
Torta de chilli com carne 118
Fibras 11
Figos: Compota de frutas quentes aromatizada com chá 25
Framboesa: Gelatina de frutas com licor de flor de sambuco 172
Frango: Frango ao *tapenade* com lentilhas e limão 90
Frango assado com maçã e batatinhas calabresas 88
Frango com gergelim quente e salada de abacate 100-101
Frango com tempero cítrico ao *tzatziki* 84
Frango empanado no fubá 93
Jambalaia 142-143
Korma de frango 95
Ragu de frango e ameixas 91
Risoto de frango assado e tomilho 144
Salada de macarrão ao pesto 39
Salteado de frango e gergelim com macarrão 96
Sopa de frango ao curry 57
Sopa de macarrão com frango e repolho branco 58
Fritura no vapor 18
Frutas 9
Bolo cítrico de amêndoas com molho de frutas 174
silvestres 12
Travessa de salada de frutas com farelos de biscoitos italianos 175

G
Gazpacho com limão, queijo feta e trigo bulgur 49
Gelatina de frutas com licor de flor de sambuco 172
Gengibre: Carne com curry ao gengibre 115
Gorduras 10-11
Grão-de-bico: Carne com curry ao gengibre 115
Húmus de feijão-manteiga 36
Grelhados 18
Grelhados na chapa 17

H
Hambúrgueres: Hambúrgueres de peru com molho verde tailandês 102
Harissa: Tomates com *harissa* e tabule 152-153
Hidratação 9
Hoki aromatizado com folhas de louro e limão 62
Húmus de feijão-manteiga 36

I
Iogurte: Frango com tempero cítrico ao *tzatziki* 84

J
Jambalaia 142-143

K
Kedgeree de salmão e caranguejo 145

L
Laranja: Bolo cítrico de amêndoas com molho de frutas 174
Lentilhas: Cavala na chapa com lentilhas e espinafre 75
Filé mignon com salada ao molho *wasabi* 117
Frango ao *tapenade* com lentilhas e limão 90
Sopa picante de batata doce e lentilha vermelha 44
Torta de chilli con carne 118
Limão: Hoki aromatizado com folhas de louro e limão 62
Penne assado com hadoque e limão 136
Sardinha com limão no pão árabe 73

M
Maçãs: Farelo doce de maçã e amora preta 187
Filé de cavala assado com aveia ao molho de maçã 74
Frango assado com maçã e batatinhas calabresas 88
Peras cozidas em suco de maçã e oxicoco 176
Torta folheada de damascos e maçãs 183
Manga: *Smoothie* de banana e manga 33
Massas
Massa com pesto de ervilha, ricota e presunto defumado 138
Salada de macarrão ao pesto 39
Melão: Salada de melão, presunto e pimentões assados 158
Mexilhões: Bisque de mexilhões ao alho 50
Minestrone de macarrão verde 42
Mostarda: Bacalhau empanado na mostarda com pimentões assados 66-67
Musse de chocolate e ameixas 180-181
Muffins de damasco com xarope de bordo (*Maple Syrup*) 28-29

N
Nectarinas: Frutas assadas com xarope de bordo (*Maple Syrup*) 188
Wraps matinais tostados 24
Noodles: Contrafilé com repolho branco salteado 116
Salada de macarrão e castanha de caju 148
Salteado de frango e gergelim com macarrão 96
Salteado de macarrão e repolho branco 162
Sopa de macarrão com camarão ácido e picante 56
Sopa de macarrão com frango e repolho branco 58

O
Ovos: Ovos fritos no vapor 23
Rosti de legumes com ovos 160
Salada de batatas e ovos quentes 155
Tortilhas de hadoque defumado 70

P
Pães: Hambúrgueres de peru com molho verde tailandês 102
Pão matinal de banana 30
Sanduíche de atum 38
Sardinha com limão no pão árabe 73
Passas brancas: Biscoitinhos crocantes de oxicoco e passas brancas 35
Blinis matinais 31
Peixes 12, 60-80
Pepino: Frango com tempero cítrico ao *tzatziki* 84
Peras: Biscoitos de baunilha com pedaços de pera 34
Compota de frutas quentes aromatizada com chá 25
Peras cozidas em suco de maçã e oxicoco 176
Peru: Bifes de peru com gremolata picante 104
Hambúrgueres de peru com molho verde tailandês 102
Pilaf aromático de peru 105
Picante: Sopa picante de batata doce e lentilha vermelha 44
Pilaf: *Pilaf* aromático de peru 105
Salmão ao chilli com *pilaf* de abobrinha 78
Pimentões: Bacalhau empanado na mostarda com pimentões assados 66-67
Frango empanado no fubá 93
Jambalaia 142-143
Kaftas de porco com salada de pimentões assados 126-127
Salada de melão, presunto e pimentões assados 158
Polenta: Frango empanado no fubá 93

Porco: Almôndegas de carne de porco com molho *goulash* defumado 120
Kaftas de porco com salada de pimentões assados 126-127
Carne de porco ao curry vermelho tailandês com vagens 122
Carne de porco com ameixas ao estilo tagine 121
Presunto: Bacalhau no presunto de Parma com feijão e salada de rúcula 68
Frango ao *tapenade* com lentilhas e limão 90
Massa com pesto de ervilha, ricota e presunto defumado 138
Salada de melão, presunto e pimentões assados 158
Principais métodos de preparo 17-18
Proteínas: 10

Q
Queijos: *Gazpacho* com limão, queijo feta e trigo bulgur 49
Massa com pesto de ervilha, ricota e presunto 138

R
Repolho branco: Contrafilé com repolho branco salteado 116
Salteado de macarrão e repolho branco 162
Sopa de macarrão com frango e repolho branco 58
Rigatoni apimentado com talos de brócolis 135
Rosti de legumes com ovos 160

S
Sal: 10
Saladas: Bacalhau no presunto de Parma com feijão e salada de rúcula 68
Bifes de cordeiro com beterraba e salada de espinafre 108
Filé mignon com salada ao molho *wasabi* 117
Frango com gergelim quente e salada de abacate 100-101
Kaftas de porco com salada de pimentões assados 126-127
Salada de batatas e ovos quentes 155
Salada de batatinhas calabresas com trutas defumadas 154
Salada de macarrão e castanhas de caju 148
Salada de melão, presunto e pimentões assados 158
Tomates com *harissa* e tabule 152-153
Salmão: *Kedgeree* de salmão e caranguejo 145
Salmão ao chilli com *pilaf* de abobrinha 78
Sushi de salmão 76
Salsicha: Macarrão com salsicha e feijão de Boston 137
Sardinhas: Sardinha com limão no pão árabe 73
Smoothie de banana e manga 33
Soja: 12
Sopa de manjericão e ervilhas com *bruschetta* de tomate 47
Sopa de peixe defumado 54-55
Superalimentos: 12

T
Tabule: Tomates com *harissa* e tabule 152-153
Tagliatelle com tomates assados e molho de azeitonas 131
Tapenade: Frango ao *tapenade* com lentilhas e limão 90
Tofu: Curry de legumes e coco 169
Tomates: 12
Bifes de peru com gremolata picante 104
Gazpacho com limão, queijo feta e trigo bulgur 49
Macarrão com salsicha e feijão de Boston 137
Sanduíche de atum 38
Sopa de manjericão e ervilhas com *bruschetta* de tomate 47
Tagliatelle com tomates assados e molho de azeitonas 131
Tomates com *harissa* e tabule 152-153
Torta de chilli com carne 118
Torta folheada de damascos e maçãs 183
Tortilhas: Tortilhas de hadoque defumado 70
Wraps matinais tostados 24
Trigo bulgur: *Gazpacho* com limão, queijo feta e trigo bulgur 49
Pilaf aromático de peru 105
Tomates com *harissa* e tabule 152-153
Tzatziki: Frango com tempero cítrico ao *tzatziki* 84

X
Xarope de bordo (*Maple Syrup*):
Frutas assadas com xarope de bordo (*Maple Syrup*) 188
Muffins de damasco com xarope de bordo (*Maple Syrup*) 28-29

V
Vagem: Atum seco com vagem e manjericão 81
Bifes de peru com gremolata picante 104
Carne de porco ao curry vermelho tailandês com vagens 122
Verduras 12

W
Wasabi: Filé mignon com salada ao molho *wasabi* 117
Wraps: *Wraps* matinais tostados 24